POLYGLOTT on tour

Joachim Chwaszcza

Sardinien

Top 12

besonderer Tipp

Warnung

Info

Hinweis

Restaurant

Unterkunft

Nightlife

Shopping

Literatur

Allgemeines

Städtebeschreibungen

Die Weltläufigkeit und den Charme einer mediterranen Hafenstadt genießen, durch die engen Gassen des Altstadtviertels schlendern und in Kirchen, Museen und archäologischen Stätten die Geschichte der Stadt erkunden.

Touren

Tour 4

Berge, Hirten und Banditen

Seite 82

Durch die raue Bergwelt des Gennargentu geht es über das Banditennest Orgosolo zur höchsten Erhebung Punta La Marmora und weiter zur Hochebene Giara di Gesturi.

Tour 5

Einsame Strände, alte Bergwerke

Seite 89

Die Costa del Sud mit traumhaften Sandstränden, das punische Nora, die Insel Sant'Antioco, die Sanddünen der Costa Verde und das punisch-römische Tharros.

Bizarre Felsklippen und wilde Bergregionen – Sardiniens Landschaft ist äußerst vielfältig

Bildnachweis

Gunda Amberg Farbdia-Archiv: 10, 79; Caputo, Luigi: 15-2, 36, 38, 62-2, 73, 78, 80-2; Chwaszcza, Joachim: 2, 5, 11, 17, 21-2, 26-1, 29, 31, 33, 37, 47, 55, 57, 59, 62-1, 71, 72, 75-1, 76, 80-1, 89, 96, 99; Geh-Spinelli, Brigitte: 86; Hartmann, Herbert: 60; Helms, Bernd: 15-1, 65, 77, 82, 84-1, 94; laif / Heiko Specht: 27-1; Münzlochner, Thomas: 6, 7, 8, 9, 14, 23-1, 30, 41, 44, 56, 84-2, 88, 108 und Umschlagrückseite oben, unten; Scholten, Jo: 25, 26-2, 42, 49, 68, 75-2; Stadler, Hubert: 21-1; Stieglitz, Andreas: 28, 50, 51, 52, 58, 63, 67, 85; Titelbild: Münzlochner, Thomas

Un sogno di blu

Beim Tourismusbüro ESIT (s. S. 100) gibt es eine übersichtliche Karte mit allen 168 namentlich benannten Stränden.

Will man der Smeralda-Szene entkommen, lockt nur acht Kilometer von der Cala di Volpe entfernt die Spiaggia del Principe mit naturbelassener Einsamkeit und Schönheit. Und wer rund um die Costa Smeralda und den Golfo di Arzachena etwas völlig anderes sucht, packt Schnorchel und Flossen ein und fährt an die Cala di Ginepro östlich von Baia Sardinia.

Wasserratten und Strandfreaks wissen es schon längst: Die schönsten Strände und Badebuchten gibt es auf Sardinien! Ob für Surfer, Segler, Taucher oder einfach nur für Strandfaulenzer, über 180 ausgewiesene Topstrände, riesige Naturschutzgebiete und unverbaute Küsten mit unzähligen vorgelagerten Inseln und Inselchen bieten für jeden mindestens ein Highlight – Sonnengarantie ab spätestens Mitte Juni inklusive. Nicht umsonst werden Sardiniens Küsten jedes Jahr mit dem begehrten Blauen Band für hervorragende Wasserqualität ausgezeichnet: Kristallklar, tiefblau und völlig unverschmutzt, hält Sardiniens Meer tatsächlich das, was die Prospekte versprechen: »un sogno di blu« – ein Traum in Blau.

Sand und Luxus für alle

Nobeljachten, Jetset-Bussis, Wohlstand pur und coole Drinks am Strand – die Klischees für die Edelzone **Costa Smeralda** sind allbekannt und wahr. Bereits in den 1960ern vornehmlich vom internationalen Jetset frequentiert, ist die Smaragdküste auch heute noch ein beliebter Tummelplatz von Promis, Schickeria und denjenigen, die dazugehören wollen. Zu den zahlreichen frei zugänglichen Stränden mit Luxusambiente zählen die schöne **Cala di Volpe,** der Strand von **Romazzino** und die Traumbucht **Liscia Ruja.**

Strandeinsamkeit ohne Ende

Wer endlos lange feinsandige Strände, weit ausladende Buchten, urwüchsige Dünenlandschaften und teils haushohe Sanddünen liebt, sollte am besten an der Westküste Sardiniens stranden. Ob am **Is Arenas** oder **Is Arutas** zwischen Cuglieri und der Sinis-Halbinsel, hier rückt man sich garantiert nicht auf die Pelle. Mit antikem Umfeld lockt die Bucht von **San Giovanni di Sinis** (s. S. 99) und **Tharros** (s. S. 99). Dünenwanderer und Sandburgspezialisten kommen bei Piscinas an der **Costa Verde** und bei **Torre dei Corsari** voll auf ihre Kosten.

Viele Strände haben in den Sommermonaten bewachte Parkplätze, die 2 bis 5 € am Tag kosten. Auf unbewachten Plätzen keine Wertsachen im Auto liegen lassen!

Paradiese im Süden

Noch sind sie nahezu unberührt und fast gänzlich unverbaut. An der **Spiaggia Tuaredda** stehen ein paar Sonnenschirme, am **Capo Spartivento** treffen sich die Surfer, und am Strand bei **Torre di Ghia** stolzieren hinter weiten Dünenfeldern die Flamingos im Lagunensee.

Eintägige Segeltörns rund um das auch bei Tauchern sehr beliebte **Maddalena-Archipel** werden in allen Hafenorten zwischen Porto Rotondo und Santa Teresa di Gallura angeboten.

- **La Compagnia dell'Aventure s.r.l.,** Villagio Isuledda, 07020 Canniogione-Arzachena, Tel./Fax 0 78 98 62 53, Mobil 34 74 61 62 92.

Zwischen Bergen und Oliven

Eingerahmt von den bleichen Karstwänden des Gennargentu-Massives liegen am Golfo di Orosei die idyllischen Buchten **Cala Luna, Cala Sisine** und **Punta Goloritze,** die nur mit dem Boot erreichbar sind. Klingt schwieriger als es ist, denn die Ausflugsboote zu den Buchten starten jede halbe Stunde ab 8 Uhr am Hafen von Cala Gonone (von Mitte Mai bis bis Mitte Oktober; Voranmeldung nicht notwendig). Wer auf eigene Faust zu den Buchten schippern möchte, der kann sich ein Schlauchboot bei mehreren Anbietern direkt am Hafen mieten (von Mitte Mai bis Mitte Oktober ab 9 Uhr, Tagespreis ab 26 €).

- **Nuovo Consorzio Trasporti Marittimi,** Loc. Cala Gonone Porto, 08022 Dorgali, Tel. 0 78 49 33 05. Tickets und Informationen über Ausflugsboote sowie Schlauchbootverleih.

Abgelegene Bergregionen, tief eingegrabene Schluchten, undurchdringbare Macchia, schroffe Steilklippen und weit ausufernde Stagni (vom Meer abgetrennte Lagunenseen) bieten ideale Lebensräume für bedrohte Tier- und Pflanzenarten. Schon seit langem haben die Sarden die Notwendigkeit erkannt, diese wertvollen Naturräume zu schützen. Nirgendwo sonst in Italien gibt es eine derartige Dichte an Nationalparks und lokalen Schutzgebieten wie auf Sardinien.

Rosarotes Volk und wilde Tiere

'Sa gente arrubia

Wie eine rosa Wolke stehen Hunderte von Flamingos im seichten Brackwasser der Stagni von Cabras und Putzu Iddu – einen Fuß angewinkelt, den Kopf fast stetig ins Wasser getaucht, ständig auf der Suche nach den kleinen Krebsen, deren Fleisch ihrem Gefieder den zartrosa Schimmer verleiht. Die größte Flamingopopulation Europas findet man im Stagno von Cagliari, wo sich das so genannte gente arrubia, das rosarote Volk, bis zu 30 000 an der Zahl versammelt.

Aber auch andere Vögel wie Schnepfen, Rallen, Reiher, Kormorane, seltene Entenarten oder das vom Aussterben bedrohte Sultanshuhn suchen Schutz an den schilfbestandenen Küstenseen. Die Mischung aus Salz- und Süßwasser lockt besondere Fischarten an, in den feuchten Uferregionen wachsen seltene endemische Pflanzenarten.

WWF Cagliari, Via dei Mille 13, 09124 Cagliari, Tel. 0 70 67 03 08, Fax 0 70 65 44 52. Organisiert Exkursionen durch die Stagni.

Associazione per il Parco, Molentargius Saline Poetto, Via Garibaldi 5, 09124 Cagliari, Tel./Fax 0 70 67 10 03. Führungen durch die Stagni.

Der noch nicht offiziell als Nationalpark ausgewiesene **Parco Nazionale di Golfo di Orosei e Gennargentu** ist der abwechslungsreichste und artenreichste Naturpark Sardiniens. Eine ausgezeichnete Infokarte über den Park ist bei ESIT in Cagliari (s. S. 100) erhältlich (www.cts.it/parchionline/pngolfo/indice.htm)

Gefangen in der Natur

Zuerst Quarantäne-Station, dann Hochsicherheitsgefängnis – die Isola Asinara war rund hundert Jahre für Touristen gesperrt. Vor zwei Jahren wurde das Gefängnis aufgelöst und die seitdem gänzlich unbewohnte Insel zum Naturschutzgebiet, zum **Parco Nazionale dell´Asinara,** erklärt. Rund 500 Mufflons, die letzten Exemplare der seltenen weißen Wildesel, Schildkröten, endemische Möwenarten und 687 Pflanzenarten sind hier beheimatet.

Infos und Buchungen:

Pro Loco Porto Torres, Piazza XX Settembre 2, 07046 Porto Torres, Tel./Fax 0 79 51 50 00, E-Mail: prolocopt@tiscalinet.it.

Pro Loco Stintino, Lungomare Colombo 87, 07040 Colombo, kein Telefon. Juni–Mitte Sept.

Asinara darf nur mit Sondergenehmigung und in geführten Touren besucht werden. Von Porto Torres und Stintino aus gibt es Tagesausflüge inklusive Verpflegung und geführte Wanderungen über die Insel.

Wo der Cervo Sardo zuhause ist

Mit groß angelegten Schutzprogrammen, die sich vor allem auf die südliche Inselhälfte konzentrierten, konnte der Sardische Hirsch (cervo sardo) vor dem Aussterben gerettet werden. Die größten Populationen dieses seltenen Wald- und Macchiabewohners gibt es im Schutzgebiet am **Monte Arcosu, Monte dei Sette Fratelli** und **Monte Arcuentu** bei Montevecchio.

WWF-Cooperativa il Caprifoglio, Via Umberto I 15, 09010 Uta, Tel./Fax 0 70 96 87 14, www.wwf.it/oasi. Schutzgebiet am Monte Arcosu.

Cooperativa Monte dei Sette Fratelli, P. Centrale, 09040 Castiadas, Tel. 0 70 94 72 00. Exkursionen in das Schutzgebiet Monte dei Sette Fratelli.

Centro Escursioni Minerarie e Naturalistiche, 09036 Guspini-Montevecchio, Tel. 0 33 55 31 41 98, www.europroject.it/montevecchio. Exkursionen in das Schutzgebiet am Monte Arcuento.

Museo Cervo Sardo, in der Casa Forestale am Monte dei Sette Fratelli, Tel. 0 70 83 10 83, im Sommer 8–19 Uhr, im Winter 8–16.30 Uhr. Wissenswertes rund um den Sardischen Hirsch.

Höhlenspaß und Meeresrauschen

Barbagia no limits, Via Cagliari 85, 08020 Gavoi, Tel. 07 84 52 90 16, www.barbagianolimits.it. Höhlenexkursionen sowie Trekking in der einsamen Bergwelt der Barbagia Mit Paolo Mulas.

Coop Ghivine, Via Montebello 5, 08022 Dorgali, Tel. 03 36 32 69 57, www.ghivine.com. Geführte Höhlenexpeditionen.

Hotel Sa Muvara, Via Funtana Rubia, 08031 Aritzo, Tel. 07 84 62 93 36, Fax 07 84 62 91 44, www.samuvarahotel.it. Aritzo ist Raftingzentrum, umfangreiches Angebot für Kanu- und Kajakfreaks.

Federation Italiana Canoa-Kayak, Via Sonnino 208, 09124 Cagliari, Tel. 0 70 65 27 48, www.federcanoa.it. Gute Infoadresse.

Sardinien ist eine Insel für Aktive, das sportliche Freizeitangebot ist beachtlich. Auch wer Outdoorabenteuer bevorzugt, die keiner langen Vorbereitung bedürfen, kann auf Sardinien aus dem Vollen schöpfen. Ein Anruf bei den jeweiligen Agenturen genügt, und schon kann es noch am gleichen oder nächsten Tag losgehen. Ausrüstung und Material wird gestellt, die Verpflegung ist oft bei den Angeboten mit inbegriffen.

Speleologia

Das Wort ist ein Zungenbrecher, aber bei mehr als 3000 Höhlen und Grotten einfach unverzichtbar im Reisewortschatz. Bekannt sind die öffentlich zugängliche Grotta di Bue Marino, Grotta di Nettuno oder Grotta Is Zuddas. Richtige Höhlenexkursionen aber sind inzwischen zu wahren Publikumsrennern geworden. Mit Helm, Stirnlampe, Seil und Schlauchboot zieht etwa Paolo Mulas mit seinen Gruppen los in die unterirdische Welt der Grotta da Oche nahe Oliena – 14 Kilometer tief, mit bizarren Stalagmiten und Stalaktiten und einem unterirdischen Fluss.

Kajaktrekking und Rafting

Ob im Landesinneren auf den Flüssen und Stauseen oder entlang der unwegsamen Steilküsten am Meer, Kajaktrekking und Rafting ist in. Angeboten werden Tagesausflüge oder mehrtägige Touren im All-inclusive-Stil.

Hoch zu Ross

Die Sarden sind Pferdenarren – komisch für eine Mittelmeerinsel, aber so ist es nun einmal. Vor allem Agriturismo-Betriebe bieten ein abwechslungsreiches Programm für Pferdeliebhaber. Unübertroffen sind die geführten Tagesausritte in kleinen Gruppen. Sie führen durch die Macchia zu einsamen Dünenlandschaften, verlassenen Dörfern und Bergwerksminen.

- **Ala Birdi,** Strada 24, 09092 Arborea, Tel. 07 83 80 10 83, www.alabirdi-arborea.it. Interessante Touren.
- **Centro Lo Sperone,** 08020 Dorgali, Tel. 0 78 49 64 82. Ausritte u. a. in der Barbagia.

Freeclimbing

Die Karstwände des Gennargentu, des Supramonte oder Iglesiente haben Sardinien den Ruf eines wahren Kletterparadieses eingebracht. Wer gerne einmal das Kraxeln in weniger luftigen Höhen ausprobieren möchte, für den hält die Tourismuskooperative ENIS und der Campingplatz L´ultima Spiaggia einen gesicherten Klettergarten bereit. Auch für Kinder sind hier ausgezeichnete Einstiegsmöglichkeiten geboten.

- **Cooperativa Turistica ENIS,** Monte Maccione, 08025 Oliena, Tel. 07 84 28 83 63, Fax 07 84 28 84 73. Frei zugänglicher Klettergarten direkt hinter dem Haus.
- **L'ultima Spiaggia,** Loc. Planargia, 08042 Barisardo, Tel. 0 78 22 96 33, www.sardegna.net/docs/sport/climb_d.html. Klettergarten auf dem Campinggelände.

Kletterinfos zu Sardinien mit Routenbewertungen und Allgemeininfos im Internet unter: www.softrock.de.

Sommerspaß am Meer

Wenn man am Strand liegt und die Segelboote vor den Augen kreuzen oder sich an schroffen Felsküsten Taucher rückwärts ins Wasser plumpsen lassen, kommen da vielleicht nicht auch lang gehegte Wünsche hoch? Einfach einmal einen Tag reinschnuppern oder abtauchen? Kein Problem!

- **Horca Myseria,** Villagio Turistico Isuledda, 07020 Arzachena Loc. Cannigione, Tel. 0 78 98 62 34, www.horcamyseria.it. Segelkurs ab 26 € pro Tag.
- **Subway,** Poltu Quatu, Tel./Fax 0 32 95 47 69 27, www.subway-sardinien.de. Deutsche Tauchbasis mit breitem Angebot. Von März bis Oktober geöffnet.

Fast ein kleiner Kontinent

»Wer übers Meer kommt, will uns bestehlen.« In diesem sardischen Sprichwort spiegelt sich die jahrtausendealte Erfahrung der Inselbewohner: Fremde Herren brachten ihnen nie Gutes, im Gegenteil, sie holten, was zu holen war, und überließen ansonsten das Land und die Menschen ihrem Schicksal. Wie ein ferner Kontinent blieb Sardinien denn auch nahezu unberührt vom wirtschaftlichen Aufschwung Italiens. In großer Abgeschiedenheit bewahrten sich länger als anderswo die Gesetze und Traditionen der Hirten und Bauern, wie sie Gavino Ledda noch in seinem Buch »Padre Padrone« in den 1970er Jahren beschreibt.

Doch seit dieser Zeit hat sich vieles geändert; Industrie wurde angesiedelt, der Tourismus eroberte Sardinien, und beide haben das Leben, das Bild dieser Insel, vor allem das ihrer Küsten, neu geprägt. Doch im Inneren, abgelegen von touristischen Attraktionen, kann man auch heute noch in eine ganz eigene Welt eintauchen, in einen kleinen Kontinent für sich. Denn hier ist Sardinien das geblieben, was es immer schon war: eine wilde und raue, aber auch gastfreundliche und herzliche Insel mit viel eigenständigem Charakter.

Lage und Landschaft

Sardinien ist mit einer Fläche von 24 089 km² nach Sizilien die zweitgrößte Insel des Mittelmeers. Vom italienischen Festland trennen sie ca. 190 km, von der Nordküste Tunesiens nur ca. 180 km, die kürzeste Entfernung zur benachbarten Insel Korsika beträgt 12 km.

Die Küsten

Von unendlich weiten Sandstränden über riesige Dünen bis hin zu fast 900 m hohen Steilklippen weist die mehr als 1800 km lange Küste nahezu alle nur denkbaren Formationen auf. V. a. in den südlichen Küstengebieten

Vogelparadiese

Vor allem rund um die Golfe von Cagliari, Palmas, Oristano und Asinara gibt es eine Reihe natürlicher und sehr fischreicher Küstenseen. Einst waren diese *stagni* malariaverseucht, und viele Menschen wanderten von hier in andere Regionen ab. Erst zwischen 1946 und 1950 wurden die Gebiete – zum Teil mit internationaler Hilfe (Rockefeller-Stiftung) – saniert und die Malaria ausgerottet. Heute bieten sie als ökologische Nischen Tausenden von Flamingos ein Winterquartier, und die dichten Schilfgürtel sind zum Rückzugsgebiet so mancher bedrohten Vogelart geworden.

zwischen der Costa Rei und Ghia trifft man immer wieder auf fast schon karibisch anmutende Sandstrände.

Das Landesinnere

Gleichermaßen abwechslungsreich ist das Landesinnere. Bis fast auf 2000 m reichen die höchsten Gipfel des Gennargentu in der Barbagia, dessen kahle Flanken manchmal noch im Mai kurzzeitig schneebedeckt sind.

Die Dörfer liegen hier weit voneinander entfernt. Undurchdringliche Wälder aus Kork-, Stein- und Flaumeichen, dichtes Macchiagestrüpp und immer wieder bizarre Felsformationen, Höhlen und tief eingeschnittene Flusstäler durchziehen die einsame Bergwelt. Meist kennen nur die Hirten, die mit ihren Herden tagelang in den Wäldern unterwegs sind, deren Geheimnisse. Denn Sardinien ist durchzogen von einem fast unübersehbaren System von Höhlen und Grotten, die nur zu einem geringen Teil wirklich erforscht und erschlossen sind.

Wild und zerklüftet präsentieren sich auch die südwestlichen Inselregionen Sulcis und Iglesiente. Seit Jahrtausenden werden hier Kohle und Erze abgebaut, ganze Berge abgetragen; entsprechend aufgewühlt und zerstört zeigt sich hier die Natur.

Fruchtbare Ebenen sind der Campidano zwischen Cagliari und Oristano, die Nurra zwischen Alghero und Porto Torres oder die Flumendosa bei Muravera. Ausgedehnte Korkeichenwälder durchziehen die nördliche Gallura und haben Sardinien zum wichtigsten Korkproduzenten Italiens gemacht.

Blickt man auf eine Sardinienkarte, erkennt man eine ganze Reihe von Stauseen. Bis auf den Lago Baratz nördlich von Alghero wurden sie im Laufe des 20. Jhs. künstlich angelegt, um das viele Regenwasser der Wintermonate aufzufangen und für die Landwirtschaft und Elektrizitätsgewinnung zu nutzen. Inzwischen dienen diese Seen auch touristischen Zwecken, etwa zum Kanufahren oder als Wanderziel.

Klima und Reisezeit

Mit über 130 Sonnentagen, vornehmlich in den warmen bis heißen Sommermonaten, kann die Insel auf ihre sonnige Bilanz stolz sein. Trotzdem ist die Reisesaison relativ kurz, erst Ende Mai öffnen die meisten Campingplätze, und viele Hotels schließen bereits wieder Ende September.

Klima und Reisezeit

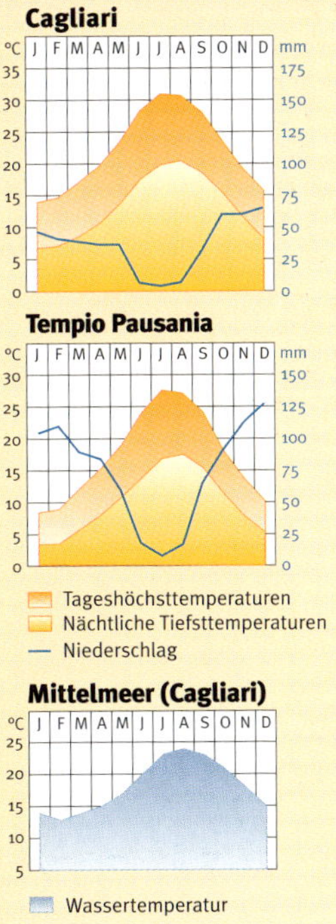

Sardinien eignet sich auch für einen Winterurlaub. In Cagliari liegt die mittlere Monatstemperatur im Januar bei etwa 12–13 °C, wobei es durchschnittlich an sieben Tagen regnet. Das entspricht einer Tageshöchsttemperatur von fast 20 °C. Im Norden prasseln in den Wintermonaten oft heftige Regenschauer nieder, und während in den Küstengebieten selbst im Winter kaum Frost zu erwarten ist, können die Temperaturen im Landesinneren auch unter die Null-Grad-Grenze fallen. Die die Berge sind dann mit Schnee bedeckt – in Sardinien wurden sogar einige Skilifte gebaut.

Wenn es auf der Insel regnet, schüttet es aus Kübeln, vor allem im April, wenn sturmartige Regenböen von Westen über die Insel peitschen und nahezu sintflutartige Sturzbäche aus den Bergen die tiefer gelegenen Weidesenken überfluten.

Die schönste Reisezeit ist der Mai. Mit etwas Glück kann man bereits baden, die Sonne brennt heiß, aber nicht unerbittlich vom Himmel, die Felder und Wiesen sind noch frisch und grün vom Aprilregen. Dann überziehen wahre Blumenteppiche aus gelben Margeriten und roten Mohnblumen die Hänge, und der Ginster blüht in voller Pracht.

!! Wer zur Hauptreisezeit mit dem Auto auf die Insel will, sollte sich rechtzeitig um einen Platz auf der Fähre bemühen.

Die Sommermonate Juli und August eignen sich nur bedingt für einen entspannten Urlaub. Man blickt nur noch auf verdorrte Wiesen, Temperaturen um die 40 °C, im Landesinneren sogar mal 45 °C, sind keine Seltenheit. Viele Sarden flüchten vor der Gluthitze der Städte in kühlere Bergregionen, etwa in die Sommerfrische nach Aritzo.

Frühjahrslandschaft bei Alghero

Natur und Umwelt

Geradezu paradiesisch muss Sardinien noch vor wenigen Jahrzehnten gewesen sein, als es noch keine petrochemischen Raffinerien und Anlagen chemischer Industrie gab. Etwas von diesem Urzustand kann man an den entlegenen Küstenregionen noch erahnen, doch auch hier überzieht an vielen Stellen schwarzer Teer die bleichen Felsen und findet sich der Zivilisationsmüll in Form von Plastik an den Strand gespült.

Die Anstrengungen der 1960er Jahre, mittels Industrieansiedlung die Abwanderung der Arbeitsuchenden auf das Festland zu stoppen, haben Sardiniens Arbeitslosenproblem nicht gelöst, dafür jedoch eine umweltpolitisch mehr als bedenkliche Situation geschaffen. Den Golf von Cagliari kann man getrost als umgekippt bezeichnen, auch wenn Tag für Tag die Fischer mit ihren langen Angelruten an der Hafenmole stehen. Die großen Raffinerien von Sarroch und die Industriekomplexe nahe den *stagni* haben wesentlichen Anteil daran. Nicht viel anders ist die Situation in Porto Torres – auch hier bestimmen Raffinerien, die sich westlich der Stadt ausbreiten, das Landschaftsbild. Im Wesentlichen sind es diese zwei Regionen, in denen

Von einer April-Sturmbö gefällt

Skeptischer Blick der Dorfkinder

sich Industrieanlagen mit entsprechender Umweltbelastung konzentrieren. In den regelmäßig in den frühen Sommermonaten publizierten Untersuchungsergebnissen zählen die Küstenregionen Sardiniens daher zu den saubersten im ganzen Mittelmeer.

Zu erheblichen Schäden hat in den letzten 100 Jahren die rigorose Abholzung der Insel sowie die katastrophale Überweidung der Hügellandschaft geführt. Wer durch die kahle Ebene bei Nuoro fährt, kann sich kaum vorstellen, dass hier einmal dichte Wälder standen. Kaltblütig gelegte Waldbrände in den Küstenregionen, die die Bauspekulation anheizen sollten, haben in den letzten Jahren zu einer starken Dezimierung der Waldgebiete beigetragen. Zwar gibt es Wiederaufforstungsprogramme, doch die Qualität des ursprünglichen, nur langsam wachsenden Eichenbestandes ist durch das Anpflanzen von Nadel- oder Eukalyptusbäumen nicht zu erreichen.

Trotzdem ist Sardinien noch immer ein kleines Naturparadies, dessen oft noch unberührte Küsten- und Bergregionen eigentlich zu Naturschutzparks deklariert werden müssten. Bis heute sind es jedoch nur kleine Initiativen, wie etwa die der Hirten auf der Giara di Gesturi, die sich diesem Ansinnen verschrieben haben. Ein erster richtiger und wichtiger Schritt der sardischen Regierung war ein Gesetz zur Eindämmung des wilden Baubooms an den Küsten. Es lässt hoffen!

Die Menschen

Sardinien ist mit 1,6 Mio. Einwohnern, von denen etwa ein Drittel in den sieben größten Städten leben, relativ dünn besiedelt. Die Sarden gelten als ernst, verschlossen und skeptisch ge-

Steckbrief

- **Fläche:** 24 090 km²
- **Entfernungen:** italienisches Festland ca. 190 km; Tunesien ca. 180 km; Korsika 12 km
- **Status:** Autonome Region der Republik Italien; Hauptstadt: Cagliari
- **Provinzen:** Cagliari, Sassari, Nuoro, Oristano
- **Einwohner:** 1,59 Mio.
- **Wirtschaft:** Landwirtschaft und Fischerei, Bergbau, Petrochemie; Arbeitslosigkeit: 27 %
- **Höchster Berg:** Punta Lamarmora, 1834 m
- **Längster Fluss:** Tirso, 150 km

genüber allem Fremden und Neuen. Während die Menschen in den größeren Städten aufgeschlossen nach vorne blicken, ist man im Landesinneren noch stark in den Traditionen und den starren gesellschaftlichen Regeln des 19. Jhs. befangen.

Die patriarchalische Rollenteilung wird in den Dörfern des Landesinneren bis heute kaum anders praktiziert, als sie sie Grazia Deledda vor über 70 Jahren in ihren Romanen geschildert hat: Der Mann zeigt sich in der Öffentlichkeit; der Frau – möglichst verhüllt mit einem schwarzen Kopftuch – obliegt die häusliche Arbeit und die Erziehung der Kinder.

Erblich bedingtes Banditentum?

Lange Zeit hat sich das Vorurteil gehalten, die Sarden seien allesamt Banditen, bestenfalls Hirten. Der sardische *banditismo* wurde als erblich bedingt angesehen und nicht als ein soziales Phänomen, schon gar nicht als Produkt jahrhundertelanger Unterdrückung, Ausbeutung und Bevormundung, nicht zuletzt auch durch die italienische Staatsregierung.

Als 1969 in Rom beschlossen wurde, auf dem Pratobello in der Barbagia, nahe dem Hirtendorf Orgosolo, einen Truppenübungsplatz der NATO anzulegen, formierte sich der Widerstand der Sarden. Nach erbitterten, bürgerkriegsähnlichen Auseinandersetzungen konnten sie das Vorhaben der italienischen Regierung verhindern und ihren Grund und Boden, verteidigen.

Wieder einmal brachte ihnen dies den Ruf des Banditentums ein, doch war nun zum ersten Mal der Blick der Regierung auch auf ihre wichtigsten Probleme gelenkt: die Landreform sowie die Subventionierung von Landwirtschaft und Viehzucht, die 1972 schließlich in Gesetzesform gegossen wurden. Viele Kleinbauern besitzen jedoch nur wenig Land und müssen von Großgrundbesitzern zusätzlich pachten.

Erweiterung der Autonomie

1977 gelang es den Sarden schließlich, in Rom die Erweiterung ihres Autonomiestatus durchzusetzen, was v. a. kulturelle Belange betraf. Denn bis dahin lernten die Kinder in der Schule ausschließlich die italienische Geschichte, ohne je ein Wort über die Geschichte ihrer Insel zu hören. Zudem durften sie im Unterricht nicht Sardisch, sondern nur Italienisch sprechen. Sardisch ist jedoch eine Sprache für sich (s. Kasten unten), die von Sprachforschern als ein eigen-

Die sardische Sprache

Die sardische Sprache und ihre Dialekte gehen wie sämtliche romanischen Sprachen auf das frühe Vulgärlatein zurück. Reste dieses gesprochenen Lateins sind vor allem noch in den sardischen Bezeichnungen für Pflanzen, Tiere und in vielen Ortsnamen erhalten. Wegen der abgeschlossenen Insellage veränderte sich die Sprache, vor allem im schwer zugänglichen Bergland, nur wenig. In der Zeit der Judikate, also um das 11. Jh., kann man bereits von einer eigenständigen sardischen Sprache sprechen. Die bis heute existierenden verschiedenen Dialekte des Sardischen sind oft geprägt von den jeweiligen Sprachen der Kolonialherren, die die Insel im Laufe ihrer Geschichte beherrschten. So finden sich im Campidano sowie im ländlichen Norden starke toskanische Einflüsse, während in den

ständiger Zweig der romanischen Sprachfamilie gewertet. Da es sich vor allem mündlich überliefert hat, gibt es weder eine einheitliche Schriftsprache noch eine verbindliche Rechtschreibung. Untereinander kommunizieren die Sarden in ihrer Sprache. Man wird vergeblich versuchen, etwas davon zu verstehen, selbst wenn man gut Italienisch spricht.

Wirtschaft

Wie am gesamten Mezzogiorno, dem Süden Italiens, ging auch an Sardinien der Aufschwung der Wirtschaft des Landes vorbei. Der groß angelegte *piano di rinascita,* der wirtschaftliche Aufbauplan für eine »Wiedergeburt« Sardiniens, 1948 in Rom beschlossen, 1962 mit der Ansiedlung weiterverarbeitender petrochemischer Industriebetriebe und Raffinerien zögerlich umgesetzt und Ende der 1960er Jahre als Fehlschlag erkannt, ist nur ein Bei-

Städten, von denen aus die Spanier über Jahrhunderte die Geschicke der Insel lenkten, das Katalanische vorherrscht. Heute ist Sardinien zweisprachig – Italienisch als Amtssprache sowie im Umgang mit Fremden, Sardisch als Sprache, die man untereinander pflegt. Rund 80 % der Bevölkerung sprechen heute noch Sardisch. Die wichtigsten Dialekte sind Logudoresisch, Campidanesisch und Nuoresisch, das sich am wenigsten von der alten, lateinisch beeinflussten sardischen Sprache entfernt hat. Die sassaresischen und galluresischen Dialekte sind hingegen stark italianisiert. Als eigenständige Sprachinseln bestehen noch die Stadt Alghero mit ihrer näheren Umgebung, in der bis heute im alltäglichen Umgang ein katalanischer Dialekt gesprochen wird, sowie die Orte Carloforte (Isola di S. Pietro) und Calasetta (Isola di S. Antioco), deren Gründung auf genuesische Auswanderer zurückgeht, die ihre ligurischen Dialekte bewahrt haben.

Bereits im 16. Jh. befassten sich sardische Gelehrte auch wissenschaftlich mit ihrer Sprache. 1811 erschienen eine sardische Grammatik und ein Wörterbuch. Zu Beginn des 20. Jhs. begann der Sprachforscher Max Leopold Wagner (1880–1962), die sardische Sprache systematisch zu erfassen. Seine Arbeiten gelten bis heute als Standardwerke. Die Auseinandersetzungen und Diskussionen darüber, ob das Sardische als eigenständige Sprache zu betrachten ist oder nicht, dauern immer noch an. Bis zum heutigen Tage sprechen die Sarden ihre eigene Sprache, und das mit viel Stolz.
Infos zur sardischen Sprache: www.lingrom.fu-berlin.de/sardu

spiel für die laxe Haltung der italienischen Regierung gegenüber der Insel. Den Investoren ging es wohl auch mehr um die Abschöpfung der Subventionsgelder als um den Aufbau der Industrie auf der wirtschaftlich sehr rückständigen Insel.

Auch in den letzten Jahren hat sich die sardische Wirtschaft – sieht man einmal vom Tourismus ab – kaum zum besseren gewendet. Zwar wurde bei Furtei von einer australischen Firma eine Goldmine aufgebaut, in Portovesme gibt es ein Stahlwerk und in Capoterra und Sarroch große Ölraffinerien, im Norden wird in Steinbrüchen Granit abgebaut. Faktum bleibt aber, das immer noch rund 400 000 Sarden (etwa 1/5 der Gesamtbevölkerung!) ihren Lebensunterhalt auf dem Festland verdienen. Mit einem industriellen Anteil von 23 % spielt die klassische Industrie eine weiterhin untergeordnete Rolle.

Was somit übrig bleibt sind Landwirtschaft und Tourismus. Aber auch die Landwirtschaft musste in den letzten Jahren einen drastischen Rückgang verzeichnen und ernährt bestenfalls noch 15 % der Bevölkerung. Größte Einnahmequelle sind zweifellos die rund 15 Millionen Touristen, die jedes Jahr Sardinien besuchen. Die meisten davon kommen in den Sommermonaten von Ende Mai bis Mitte September, und so kommen in dieser Zeit auf jeden Einwohner der Insel rund 10 Besucher. Davon profitieren vor allem Dienstleister, Bauunternehmer, Hotels, Restaurants, eben die gesamte touristische Infrastruktur.

Die Landwirtschaft erwirtschaftete 2003 4,8 % des Bruttosozialproduktes, die Industrie immerhin 25,1 % und der Dienstleistungssektor 70,1 %. Aber: Der Gesamtanteil Sardiniens am Bruttosozialprodukt von ganz Italien betrug verschwindende 2,1 %.

Geschichte im Überblick

Um 170 000 v. Chr. In Nordsardinien gefundene Steinwerkzeuge belegen, dass die Insel besiedelt ist.

6000–3000 v. Chr. Sardinien exportiert Obsidianwerkzeuge in den umliegenden Mittelmeerraum.

3000–2000 v. Chr. Späte Jungsteinzeit, Ozieri-Kultur mit Einflüssen des östlichen Mittelmeerraums.

Um 1800 v. Chr. Beginn der Nuraghenkultur.

Um 1000 v. Chr. Phönizier gründen an der Südküste die ersten Niederlassungen; die Sarden werden ins Landesinnere verdrängt.

540 v. Chr. Die den Phöniziern nachfolgenden Punier nutzen die Insel als Erz- und Kornkammer.

238 v. Chr. Nach dem Zweiten Punischen Krieg lösen die Römer die Punier auf Sardinien ab.

46 v. Chr. Sardinien wird römische Provinz.

330 n. Chr. Christianisierung.

455 Der Einfall der Vandalen beendet die römische Herrschaft.

534 Ostrom übernimmt die Provinz Sardinien.

711 Beginn der lang anhaltenden Sarazenenüberfälle.

Um 900 Eroberung der Küstenabschnitte durch die Sarazenen. Die vier Judikate Torres, Gallura, Cagliari und Arborea entstehen.

1015 Mit Hilfe der mächtigen Seerepubliken Genua und Pisa gelingt es, die sarazenische Küstenherrschaft zu beenden.

11. Jh. Genuesen und Pisaner stärken ihren Einfluss – Genua im Norden, Pisa im Süden.

1297 Papst Bonifatius VIII. übergibt Jakob II. von Aragón Sardinien als Lehen.

1323 Die Spanier fallen in Sardinien ein, die Insel erlebt Zeiten schlimmster Fremdherrschaft und blutet wie schon unter den Römern wirtschaftlich aus.
1395 Eleonora d'Arborea erlässt die berühmte, noch von ihrem Vater entworfene *carta de logu,* ein sardisches Straf- und Zivilrecht.
Um 1400 Die Pest wütet auf Sardinien, 1404 fällt ihr auch Eleonora d'Arborea zum Opfer. In den Bergen festigt sich das nach eigenen Gesetzen lebende Hirten- und Bauerntum.
1478 wird das letzte sardische Heer bei Macomer geschlagen. Sardinien ist nun im Besitz des Hauses Aragón.
1718 Infolge des Spanischen Erbfolgekrieges fällt Sardinien an die Herzöge von Piemont-Savoyen, die den Titel »Könige von Sardinien« erhalten.
1798–1814 Die Savoyer werden von Napoleon aus Turin vertrieben, Sardinien wird savoyisches Exil.
1839 Das völlig überalterte Feudalsystem wird aufgehoben.
1847 Sardinien und Piemont kämpfen zusammen für die Einheit Italiens.
1861 Einigung Italiens unter Vittorio Emanuele II. von Piemont-Sardinien.
1918 Die Kämpfer der *Brigata Sassari* werden durch ihre Tapferkeit ein Vorbild für die Sarden. Sie formieren sich auch politisch und fordern nach dem Krieg die Unabhängigkeit.
1926 Grazia Deledda erhält den Nobelpreis für Literatur, der erstmals für ein Werk der italienischen Literatur vergeben wird.
1930 Unter Mussolini sollen Großprojekte wie Stauseen die Insel landwirtschaftlich aufwerten. Kohle aus Sulcis soll Italien energiepolitisch unabhängig machen.
1939 Beginn des Zweiten Weltkriegs; Sardinien ist ein wichtiger Militärstützpunkt im Mittelmeerraum.
1943 Cagliari wird bei Bombenangriffen der Alliierten zu 75 % zerstört.
1948 Sardinien wird Autonome Region der Republik Italien.
1950 Die Malaria ist ausgerottet.
1960 Petrochemische Anlagen sollen Sardinien aus dem wirtschaftlichen Elend führen. Die Costa Smeralda wird zum Inbegriff des Nobeltourismus.
1969 Die Bauern und Hirten von Orgosolo wehren sich erfolreich gegen einen Truppenübungsplatz der NATO.
1974 Oristano wird vierte Provinzhauptstadt.
1977 Erweiterung der sardischen Autonomie im kulturellen Bereich.
1989 Das sardische Regionalparlament erlässt ein Gesetz gegen die zunehmende Bebauung der Küsten im Zuge des Touristenbooms.
2000 Der bedeutendste sardische Nuraghen-Komplex »Su Nuraxi« wird Weltkulturerbe der UNESCO.
2001 Die Einführung des Euro und die Ereignisse des 11. September rücken Sardinien verstärkt ins Interesse deutscher Reiseveranstalter. Die Buchungszahlen steigen.
2002 Aga Khans Plan eines zweiten Porto Cervo auf der Insel scheitert am Widerstand der Sarden und den hohen Bauauflagen.
2003 Waldbrände wüten im Nordteil der Insel bei Arzachena.
2004 Berlusconi hält Hof in Portorotondo – zu Besuch kommen Tony Blair und Gattin sowie Putin.

Kultur gestern und heute

Wann genau die ersten menschlichen Siedler nach Sardinien kamen, ist bis jetzt ungeklärt. Lange Zeit glaubte man, dass die Insel spät besiedelt wurde, die Zeiträume vor 10 000 v. Chr. waren noch kaum erforscht. Neuere Grabungsfunde belegen aber eine Besiedlung Sardiniens bereits in der Altsteinzeit (etwa um 170 000 v. Chr.). Aus der jüngeren Altsteinzeit, die etwa von 35 000 bis 12 000 v. Chr. angesetzt wird, wurden in der Höhle Corbeddu bei Oliena Überreste menschlicher Knochen gefunden.

Erst mit dem Beginn der Jungsteinzeit, etwa ab 6000 v. Chr., ist eine rege Handelstätigkeit der Bewohner mit Obsidian nachzuweisen. Dieses schwarze vulkanische Glas, das man zu Werkzeugen und Pfeilspitzen verarbeitete, war im Mittelmeerraum begehrt und wurde u. a. auf die Nachbarinsel Korsika exportiert.

Die frühen Kulturen

Die Jungsteinzeit brachte eine entscheidende Entwicklung im gesellschaftlichen Leben der Insel. Mit der Fähigkeit, Ackerbau und Viehzucht zu betreiben, war der Grundstein für erste Siedlungskulturen gelegt. Die Kultur von Ozieri (ca. 4.–3. Jt. v. Chr.) wurde nach der bedeutendsten Fundstätte dieser frühsteinzeitlichen Lebenskultur benannt. Aus dieser Zeit der friedlichen Ackerbauern und Siedler stammen die kunstvoll gearbeiteten Keramiken mit geometrischen und figürlichen Mustern und die Felskammergräber, *domus de janas* oder »Feenhäuser«, wie die Sarden sie später nannten. Derartige Felsennekropolen, teils mit Reliefs verziert, findet man in Anghelu Ruju bei Alghero oder in Sant'Andria Priu nahe Bonorva.

Auch die fremdartig anmutenden Idole, bei denen es sich um Erd- oder Muttergottheiten handelt, entstammen dieser Epoche. Heute sind sie in den Museen von Cagliari und Sassari zu bewundern.

Das Zeitalter der Nuragher

Wenig ist bekannt über die Menschen, die von 1800–500 v. Chr. auf Sardinien lebten und etwa 7000 heute noch erhaltene steinerne Rundbauten, so genannte Nuraghen, errichteten. Aus dieser Zeit sind auch erste phönizische, später dann punische Einflüsse nachzuweisen – *nurhag* bedeutet bei den Puniern so viel wie »großes Haus«, und wegen ihrer zyklopischen Ausmaße sind die Nuraghen heute noch beeindruckende Zeugnisse dieser kriegerischen Hirtenkultur. Neben diesen wie von Riesenhand errichte-

Rätselhafte Rundbauten

Von den fast 7000 Nuraghen auf Sardinien sind die bekanntesten und größten in Barumini (Su Nuraxi), Torralba, (Santu Antine), Dorgali (Serra Orrios), Abbsanta (Losa), Alghero (Palmavera) und Villanovaforru (Genna Maria). Die trutzigen Wehrburgen wurden in mehreren Bauphasen errichtet; meist ist der kreisrunde Nuraghenturm ältester Bestandteil der Siedlung. Die Türme waren mit Kragkuppeln überwölbt und wuchsen im Laufe der Jahrhunderte bis zu vierstöckigen Festungstürmen empor. Um-

Gigantengrab Lu Coddu Vecchiu

ten Verteidigungsanlagen, die als die größten und technisch perfektesten Megalithbauten des Mittelmeerraumes gelten, gehören auch die kunstvoll ausgebauten Brunnentempel und die Gigantengräber zu den Glanzlichtern sardischer Architektur. Wie ein dicht geknüpftes Netz überspannten rund 10 000 dieser nur auf Sardinien verbreiteten Festungen einst die Insel. Auffallend ist auch ihre Lage. Sie stehen meist frei und demonstrieren so Stärke. Erst in späterer Zeit werden ganze Dörfer angelegt, die kontinuierlich ausgebaut werden.

Eine der beeindruckendsten künstlerischen Leistungen der Nuragher

Wehrhafte Verteidigungstürme wachten einst über die Küste

sind die *bronzetti*, die etwa 500 bisher gefundenen, 10 bis 40 cm hohen Bronzefiguren – schwer bewaffnete Krieger in eindrucksvollen Rüstungen. Viele von ihnen kann man im hervorragenden Museo Nazionale G. A. Sanna in

laufende Gänge, Schießscharten und Treppenaufgänge bildeten ein perfektes System von Gängen zwischen Wohnräumen und Verteidigungspositionen. Der spärliche Innenraum des Rundturms wurde mit Holzdecken in einzelne Geschosse unterteilt. Immer wieder umgibt den Rundturm ein drei- oder fünfeckiger Mauerring, der seinerseits mit Wehrgängen und Verteidigungstürmen befestigt war und eine schwer einnehmbare Fluchtburg bildete. Eine eigene Wasserversorgung mit einem Brunnen war durchaus üblich. Die komplexen Anlagen dieser Nuraghen, lediglich aus Stein ohne Mörtel errichtet, weisen auf eine Zunft hervorragender Baumeister hin. Ein Rätsel bleibt allerdings bis heute, wie die Nuragher die oft tonnenschweren Megalithen aus den nicht selten kilometerweit entfernten Steinbrüchen herantransportierten und nicht zuletzt auch in Schwindel erregender Höhe zu wehrhaften Mauern fügten. Die meisten Nuraghen sind frei bzw. im Sommer täglich von 8 Uhr bis Sonnenuntergang zugänglich.

Sassari (s. S. 44) sowie im Archäologischen Nationalmuseum in Cagliari (s. S. 33) bewundern.

Nahezu alle Museen Sardiniens finden sich im Internet unter www.museionline.com. Öffnungszeiten und Eintrittspreise sind angegeben, zum Teil führen Links direkt zu den jeweiligen Museen.

Phönizier und Punier

Ab dem 1. Jt. v. Chr. dringen phönizische Händler nach Sardinien vor, im 6. Jh. erobern ihre Nachfolger, die Punier, vor allem die Küstenregionen der Insel. Die nuraghische Bevölkerung aber zieht sich vor der drückenden Übermacht ins unwegsame Landesinnere zurück. Mit diesem Rückzug der Inselbewohner beginnt die Jahrhunderte andauernde Trennung zwischen der sardischen Bevölkerung und den jeweiligen fremden Herren. Die Punier beuten die erzreichen Regionen Iglesiente und Sulcis aus, unter ihrer Federführung entstehen an der Küste blühende Handelsstädte. Tharros und Nora, beide später von den Römern überbaut, punische Heiligtümer und Nekropolen zeugen heute noch von den Spuren dieser blühenden Kultur.

Römische Okkupation

Als die Römer 238 v. Chr. Sardinien besetzten, war ein lang anhaltender Machtkampf zwischen punischen und römischen Heeren um die Vorherrschaft der für das Mittelmeer strategisch so bedeutsamen Insel beendet. Die Sarden jedoch kamen vom Regen in die Traufe; denn auch das Interesse der Römer galt der wirtschaftlichen Ausbeutung der Insel. Sie übernahmen die Städte der Punier und bauten Straßen ins Inselinnere, um es ihrer Kontrolle zu unterwerfen, was ihnen jedoch nie ganz gelang. Aus dieser Zeit stammt der Name der Region um Nuoro und den Gennargentu: Barbagia, was so viel wie Barbarenland bedeutet. Sardinien blieb Roms ungeliebte Provinz, der bevorzugte Verbannungsort für die ersten Christen. 455 endete die römische Herrschaft. Das Amphitheater von Cagliari, die Ruinen der ursprünglich punischen Städte Tharros und Nora, der Tempel von Antas sind die Die Kulturzeugnisse der Römer auf Sardinien.

Genuesen und Pisaner

Nach dem Zusammenbruch Roms gehörte Sardinien zunächst zum Reich der Vandalen, später zu Byzanz, nur wenig ist aber von deren Oberhoheit über die Insel zu spüren. Und so kam es immer wieder zu räuberischen Überfällen arabischer Piraten. Der Versuch, eine muslimische Herrschaft auf Sardinien zu etablieren, scheiterte jedoch. Zum Schutz gegen die ständige Bedrohung organisierten sich die vier Judikate Cagliari, Gallura, Torres und Arborea, die von einem »Richter«, einer Art Kleinkönig oder Lokalfürst, geleitet wurden. Im 11. Jh. dann schickten die Stadtrepubliken Genua und Pisa auf Geheiß des Papstes zum Schutze der Insel Flottenverbände nach Sardinien, das schon bald in ein pisanisches und ein genuesisches Machtgebiet aufgeteilt wurde.

Immerhin erlebte das Land eine bescheidene kulturelle Blüte. Im engen Kontakt mit den Baumeistern des toskanischen Festlandes entstanden für Sardinien so bedeutende romanische Kirchenbauten wie die Santissima Trinità di Saccargia oder San Gavino.

Spanisches Intermezzo

Nicht nur die katalanischen Straßennamen in Alghero sind ein bleibendes Relikt der spanischen Epoche Sardiniens. Als Papst Bonifatius VIII. 1297 das Haus Aragón mit der Insel Sardinien belehnte, gingen die Spanier unverzüglich daran, die Sarden zu unterwerfen und dem Land ihren Stempel aufzudrücken. Die Sarden wehrten sich erbittert, aber ihre Judikate wurden aufgelöst, allein Arborea hatte bis zu Beginn des 15. Jhs. Bestand.

Als einzige Politikerin des Landes war Eleonora d'Arborea in der Lage, den Spaniern Einhalt zu gebieten. Sie ist auch die Verfasserin des ersten in sardischer Sprache abgefassten Zivil- und Rechtskodexes, der *carta de logu* (1395).

Wenige Jahre nach ihrem Tod 1404 fiel auch das Judikat Arborea an die Spanier. Der politischen Übermacht des spanischen Feudalsystems folgte auch eine künstlerische Dominanz. An die spanisch-barocke Epoche erinnern die Dome von Alghero und Sassari.

Viele sardische Kirchen aus der Zeit der spanischen Epoche (so etwa die Kirche in Ozieri) sind mit den von sardischen Künstlern kreierten *retablos*, kunstvoll verzierten großen Altartafelbildern nach spanischem Vorbild, ausgeschmückt. Ein Gang durch die interessante Pinakothek in Cagliari gibt einen umfassenden Einblick in die sardisch-katalanische Malerei.

Sardische Kunst und Kultur heute

Die Vielfalt künstlerischer Ausdrucksformen und kultureller Traditionen manifestiert sich heute v. a. in den farbenprächtigen und kunstvollen Trachten des Landes. Nahezu jedes Dorf der

Kunstvoll gearbeitete Frauentracht

Insel kann mit einer eigenen Tracht aufwarten, oft mit diffizilen Brokatstickereien, feinstem Goldschmuck und den kunstvollsten Spitzen verziert. In ihren Trachten zeigen die Sarden, dass sie eben doch mehr waren als bloß Schafhirten.

Eine fast ausgestorbene Kunst ist die Anfertigung der Rohrflöte, der *launedda*. Dieses wohl ursprünglichste und typischste sardische Instrument ist Zeugnis einer langen Tradition der Hirtenkultur. Die erste Darstellung einer Launedda ist auf einer Bronzefigur aus dem 6.–8. Jh. zu sehen. Früher wie heute gibt diese Flöte den Takt vor, nach dem die Sarden den traditionellen *ballu tundu* tanzen.

So wenig ausgelassen wie dieser Tanz präsentieren sich auch die sardischen Karnevalsmasken, die v. a. in der Barbagia anzutreffen sind, die wilden *mammuthones*, die hämisch dreinblickenden *issocadores* oder die einem Rinderkopf ähnelnden *boes* oder *boetones*.

Sardische Poesie findet ihren Niederschlag in den vielen ritualisierten Wortspielen, Ausdruck von Freude, Zorn oder Trauer, in jenen melodischen *ninnias*, den Wiegenliedern, oder *mutus*, der sardischen Liebeslyrik. Die bekanntesten Repräsentanten der sardischen Romanliteratur sind die Schriftstellerin Grazia Deledda, die für ihre das Leben der Sarden beschreibenden Romane 1926 den Literaturnobelpreis erhielt, Sebastiano Satta sowie Gavino Ledda. Gavino Leddas durch und durch sardischer Roman »Padre Padrone« wurde in der Verfilmung der Brüder Taviani über die Grenzen Italiens hinaus bekannt.

Sardiniens *murales,* jene Wandbilder, die noch heute an den Häusern von Orgosolo zu sehen sind, waren ursprünglich als Folge der Auseinandersetzungen auf dem Pratobello (s. S. 16) entstanden. Sie dokumentieren – ähnlich wie die Bücher Grazia Deleddas und Gavino Leddas – ein Stück Geschichte und Kultur Sardiniens. Mexikanischen Vorbildern folgend, prangerten sie Ungerechtigkeit und soziale Missstände an. Heute ist diese Tradition wieder abgeklungen, und wenn *murales* entstehen, dann eher zu dekorativen als zu politischen Zwecken.

Feste & Veranstaltungen

Der offizielle Festkalender Sardiniens zählt nicht weniger als 1 000 Feste und Feierlichkeiten, verstreut über die ganze Insel. Fallen die Feiertage auf einen Wochentag, werden sie oft auf das darauf folgende Wochenende verlegt.

- **Karneval** wird auf der ganzen Insel gefeiert, die bekanntesten Veranstaltungen sind die *Sartiglia* in Oristano mit Reiterspielen, der Karnevalszug in Tempio Pausania und der Umzug der *mammuthones* (s. S. 23, 85) in Mamoiada.
- Die **Settimana santa,** die Karwoche, begeht man besonders feierlich in Castelsardo mit nächtlichen Choralgesängen, in Alghero bei der feierlichen Kreuzabnahme im Dom sowie in Sassari, wo sich die Gläubigen in Büßergewänder kleiden.
- Ab 1. Mai feiert Cagliari zu Ehren seines Stadtpatrons vier Tage lang die **Sagra di Sant'Efisio.** Ende Mai findet in Sassari das große Spektakel der **Cavalcata Sarda,** des Sardischen Ritts, statt.
- Dem Beispiel Sassaris folgen im Juni und Juli auch viele kleine Orte, so Pozzomaggiore am 29. Juni oder Sedilo am 6. und 7. Juli. Am dritten Samstag im Juli begeht Cagliari mit dem Umzug geschmückter Ochsenkarren das **Fest des hl. Gavino.**
- Schon im August feiert man auf Sardinien **Erntedank,** besonders schön am 1. Sonntag des Monats in Bosa mit der Bootsprozession Santa Maria del Mare auf dem Temo-Fluss. Historische und kirchliche Feste begehen Sassari am 14. August mit der **Festa dei Candelieri,** einer Lichterprozession zur Erinnerung an das Ende der Pest im 16. Jh., Orgosolo am 15. August mit dem größten **Fest der Barbagia zu Mariä Himmelfahrt** und Nuoro am letzten Sonntag des Monats mit der **Sagra del Redentore,** dem Erlöserfest, einem der größten Feste der ganzen Insel.
- Auch in den Herbst- und Wintermonaten sorgen kleinere volkstümliche Feste für Unterhaltung. Bei der **Sagra delle castanie** (Kastanienfest) oder der **Sagra delle salsicce** (Fest der Wildschweinsalami) dreht sich alles um die Lebens- und Gaumenfreuden.

Essen und Trinken

Die Sarden legen bei einem Restaurantbesuch sehr viel Wert auf gute traditionelle Gerichte, auf große Experimente lassen sie sich ungern ein. Wie überall in Italien bezahlt man pro Person erst *pane e coperto* (zwischen 1,50 und 3 €). Ein Essen besteht immer aus mehreren Gängen: aus einer Vor- und Hauptspeise, Obst oder Käse und natürlich einem *caffè*. Wer nicht mit einem *antipasto sardo*, einer gemischten Vorspeise mit Salami, Schinken und Oliven, beginnt, geht sofort zum *primo*, dem ersten Gang, über. Nudeln, v. a. die sardische Variation der *gnocchi*, die *malloreddus*, gibt es mit allen gängigen Soßenvariationen, z. B. *sugo al pomodoro*, mit Tomatensoße, *al bolognese*, mit Hackfleisch, oder *al cinghiale*, mit Wildschweinragout.

Ein guter Pecorino ist der Stolz eines jeden Bauern und Hirten

Fleischgerichte

Die Sarden lieben deftige und herzhafte Fleischgerichte, die bei Unkundigen für so manche Überraschung sorgen: Innereien oder Hirn sind nicht jedermanns Geschmack. Doch entwickelte sich die traditionelle Küche aus der Armut, in der die Sarden über Jahrhunderte leben mussten. Gutes Fleisch war kaum erschwinglich, und so musste möglichst alles, was beim Schlachten anfiel, verwertet werden.

Daraus entstanden die typisch sardischen Gerichte wie etwa *sa cordula* (verschiedene Innereien mit Erbsen), die *tratalia* (eine Art Wurst) oder *piedini* und *testini* (Lammfüße und gefüllter Lammkopf), *porcheddu* (Spanferkel am Spieß) oder das in einem Erdloch gegrillte *porcheddu al carraxiu*. Neben Spanferkel findet man in den Wintermonaten oft Wildschwein, gegrillt oder als *ragù*, zu Schinken oder Salami verarbeitet. Pferdefleisch, das in vielen Restaurants angeboten wird, ist für die Sarden eine wahre Gaumenfreude.

Fischgerichte

Fische werden meist gegrillt oder frittiert serviert. Zu den Spezialitäten gehören die *spaghetti bottarga*, Spaghetti mit Meeräschenkaviar, und Muscheln aus den Golfen von Olbia oder Cagliari. Muscheln und *frutti di golfo* werden mit Weißwein- oder Tomatensoße zubereitet. Meist beschränkt man sich aber nicht auf eine Sorte, etwa *cozze* (Miesmuscheln) oder *vongole* (Venusmuscheln), sondern bekommt alles, was der Golf an Meeresfrüchten zu bieten hat.

Zu den besonderen Delikatessen gehört natürlich die *aragosta* (Langus-

Pane carasau, das hauchdünne Brot der Hirten

te), die besonders in Alghero fangfrisch auf den Tisch kommt. Tintenfisch, Krabben, Scampi und Krebse dominieren ganzjährig den Speiseplan. Zu den besonders begehrten Seefischen gehören neben der Seezunge, *sogliola,* auch die *dentici* genannten Zahnbrassen, *triglia,* Rotbarbe, sowie *tonno,* Thunfisch, und *pesce spada,* Schwertfisch. Im Landesinneren steht immer wieder *trotta,* Bachforelle, auf der Speisekarte.

Beilagen

Wie überall in Italien bestellt man auch hier die Beilagen extra. Beliebt ist während der Sommermonate *pinzimonio* – rohes Gemüse, das in einen selbst angerührten Dip aus Olivenöl, Zitrone oder Essig, Salz und Pfeffer

Brotsorten

Sardinien ist berühmt für seine unterschiedlichsten Brotsorten. Am bekanntesten ist das hauchdünne Hirtenbrot, *pane carasau,* das man in jeder Bäckerei bekommt. Das auch *carta della musica* genannte Fladenbrot ist als *pane frattau* mit Tomatensoße und Ei eine eigenständige warme Mahlzeit.

Mit guten Böden und viel Sonne sind die Weinbauern gesegnet

getunkt wird. Beliebt sind im Januar und Februar Artischocken, die man bisweilen auch roh als *carciofi crudi* auf der Speisekarte findet.

Nachtisch

Zum Nachtisch bestellt man Käse, natürlich *pecorino,* Schafskäse. Nicht auslassen sollte man den Besuch einer Konditorei. Probieren Sie die »Seufzer«, *sospiri di Ozieri,* und Sie werden ihren Namen verstehen.

Ein mehrgängiges sardisches Mahl wird immer abgerundet mit *caffè* und einem *myrto* oder *limoncino* – einem süßlich-bitteren *digestivo* bzw. einem erfrischenden Zitronenschnaps.

Wein

Die sardischen Weinbauern sind mit Sonne, Klima und gutem Boden gesegnet. Durch intensive Bemühungen unter Leitung führender italienischer Önologen ist es ihnen gelungen, den Anschluss an die Spitzenklasse der festländischen Weine zu finden. Zu den bekanntesten Weinen zählen die roten *Cannonau* und *Monica di sardegna,* die weißen *Vermentino, Malvasia* und *Nuragus.*

Urlaub aktiv

Segeln, Surfen, Tauchen, Trekking, Wanderungen und Fahrradtouren – sportliche Aktivitäten werden in Sardinien groß geschrieben, entweder individuell gestaltet oder organisiert.

Baden

An 1800 km Küste mit weiten Sandstränden und kristallklarem Wasser kann man Badefreuden erleben. Man wählt zwischen stillen Felsbuchten, dem Nobeltourismus der Costa Smeralda im Norden oder einfacherem Strandleben im Westen und Süden der Insel. Zu vielen Badebuchten an der Nord- und Ostküste, die nur übers Meer zu erreichen sind, gibt es organisierte Badeausflüge (s. auch S. 6).

Segeln

Segel- und Katamaran-Schulen unterrichten an der Nordküste und au Caprera. In Cagliari kann man bei **Sardinia Yacht Charters,** Tel. 0 70 27 53 85, auf Caprera bei **Centro Velico Caprera,** Tel. 07 89 73 85 29, oder in Palau bei **Palaumare,** Tel. 07 89 70 97 80, ein Schiff mieten. Weitere Infos unter www.nautic-tours.de, www.segel.de

Surfen

Die wahren Surf-Freaks zieht es an die Küsten bei Santa Teresa di Gallura, Stintino oder Torre di Chia. Hier pfeifen die Winde oft so stark und konstant, dass ungeübte Surfer besser nicht an der Ostküste aufs Brett steigen sollten. Alle größeren Hotels verleihen auch Surfbretter.

Windsurfing bei Santa Teresa di Gallura

Tauchen

Rund um die Insel gibt es zahlreiche Tauchschulen und Tauchklubs (s. auch Special S. 11).

Associazione Sardegna Diving, Via Balilla 26, I-09100 Cagliari, Tel. 0 70 50 68 63, Fax 0 78 94 01 86, www.diveitaly.com

Associazione Istruttori Nautici E Subacquei Della Sardegna, Via Martini 22, I-09100 Cagliari, Tel. 0 70 30 24 88, Fax 0 70 48 60 61.

Fischen

Fischen im Meer ist ohne Angelschein erlaubt, solange man sich an die Höchstmenge von 5 kg hält. Wer in einem Binnengewässer angelt, benötigt einen Angelschein, der vom Umweltschutzamt in I-09100 Cagliari, Via G. Biasi 7–9, Numero Verde Tel. 800/01 60 58, ausgestellt wird.

Trekking

Sardinien lässt mit seiner wilden und unberührten Landschaft, seinen bizarren Berg- und Felsformationen jedes Trekkerherz höher schlagen. Bevorzugtes Wandergebiet ist die Barbagia.

Wanderern eröffnen sich auf Sardinien viele schöne Touren

In Orgosolo, Oliena oder Aritzo werden im Sommer geführte Wanderungen angeboten.

Auf Wanderreisen spezialisiert sind **Oscar Reisen,** Bäckergasse 8, D-86150 Augsburg, Tel. 08 21/50 95 50, Fax 15 80 96, www.oscarreisen.de
DAV Summit Club, Am Perlacher Forst 186, D-81545 München, Tel. 0 89/64 24 00, Fax 64 24 01 00, www.dav-summit-club.de. Der DAV bietet geführte Tageswanderungen im Twin-Konzept: Zwei Touren (leicht/mittel) plus je einen Führer pro Tag.

Radfahren

Wer mit dem Mountainbike das Inselinnere erkundet, kann sich auf den einsamen Berg- und Sandstraßen austoben. Weniger anstrengend sind die meist flachen Küstenstraßen. Ein schöner Tagesausflug führt über die 45 km lange Panoramastraße von Bosa nach Alghero. Einer der wenigen Fahrradverleihs: Organizzazione Naturavventura, Via G. Frescobaldi 4, I-09170 Oristano, Tel. 0 78 35 21 97.

Reiten

Reitställe findet man fast überall, nicht zuletzt bei den Agriturismo-Betrieben. Infos beim sardischen Reiterverband **ANTE,** Via Pasteur 4, I-09125 Cagliari, Tel. 0 70 30 58 16. Exkursionen veranstalten die Hotels **Su Mavara** in Aritzo, Tel. 07 84 62 93 36, **Su Gologone** in Oliena, Tel. 07 84 28 75 12 und 07 84 28 75 52 sowie **Parco Bella Vista36** in Arbatax, Tel. 07 82 66 71 76.

Golf

Alles dreht sich um den kleinen weißen Ball auf den beiden traumhaften 18-Loch-Plätzen: **Pevero Golf Club,** 07020 Porto Cervo, Tel. 0 78 99 62 10, www.starwoodhotels.com und **Is Molas** bei Pula, 09010 Pula Is Molas, Tel. 07 09 20 90 62, www.ismolas.it

Unterkunft

Rechtzeitig buchen ist der wichtigste Tipp für einen Sardinienurlaub im August, obwohl alle Unterkünfte gegenüber der Vor- oder Nachsaison fast 100 % teurer sind.

Ferienhäuser

Vermittlung in Deutschland über www. ferien-in-sardinien.com und verschiedene Reiseveranstalter und Spezialanbieter wie

- **Oscar Reisen,** (Adresse s. S.28)
- **Casa Club Kroha,** Charlottenstr. 16, D-91522 Ansbach, Tel. 09 81/1 36 55, Fax 1 73 40, www.casaclub.de,
- **Domizile-Reisen,** Am Klostergarten 1, D-81241 München, Tel. 0 89/83 30 84, Fax 8 34 17 60, www.domizile.de

Hotels

Hotelbuchungen über einen Reiseveranstalter sind oft günstiger als Direktbuchungen. Charterangebote und Klubferien gibt es fast nur mit Voll- oder Halbpension. Ein Hotelverzeichnis für ganz Sardinien gibt es bei:

i **E.S.I.T.,** Via Mameli 97, I-09124 Cagliari, Tel. 07 06 64 19 5, Fax 0 70 65 82 00, www.esit.net

- **A.A.S.T.,** Via Mameli 97, I-09124 Cagliari, Tel. 07 06 02 31, Fax 07 06 64 63 6

Agriturismo

Agriturismo erlebt derzeit einen regelrechten Boom, unterscheidet sich jedoch sehr von den hier gewohnten

In der Villa Las Tronas in Alghero stiegen schon gekrönte Häupter ab

»Ferien auf dem Bauernhof«. Einige Bauernhöfe haben sich zu richtigen kleinen Hotelanlagen mit eigenem Reitstall oder einem kleinen Zeltplatz entwickelt. Sie bieten meist organisierte Tagesausritte sowie andere Exkursionen an.

i **Agriturist,** Viale Trieste 6, I-09123 Cagliari, Tel. 0 70 66 83 30, Fax 0 70 30 34 85, www.sardinien.com

Camping

Die zahlreichen Campingplätze überall an der Küste sind meist von Anfang Juni bis Ende September geöffnet; Ausstattung und Preise variieren sehr. Nähere Informationen bei ESIT (s. li.).

Eine Karte mit allen Campingplätzen gibt es an den Agip-Tankstellen. Der Touring-Club Italia hat einen Campingführer für ganz Italien herausgegeben. Manche Agriturismo-Betriebe bieten preiswerte Zelt- und Wohnmobil-Stellpätze an.

Reisewege

Anreise

Mit Bahn und Fähre

Anreise per Bahn erfolgt bis Genua, La Spezia, Livorno, Piombino oder Civitavecchia; von dort ganzjährige Fährverbindungen nach Porto Torres, Golfo Aranci, Olbia, Arbatax und Cagliari. Alle Fährverbindungen gelten auch für Autofahrer. Rechtzeitiges Buchen ist unerlässlich.

Buchungen in Deutschland:
Turisarda, Richardstr. 28, D-40231 Düsseldorf, Tel. 02 11/ 2 29 40 00, www.turisarda.de
- **Sardinia Ferries,** Georgenstraße 38, D-80799 München, Tel. 089/389 99 10 Fax 33 85 76 oder 33 13 38
- **Tirrenia,** Lyoner Straße 15, D-60528 Frankfurt/M., Tel. 0 69/6 66 84 91, Fax 6 66 84 77, www.tirrenia.it
- **Online-Buchungen:** www.sardinia ferries.de, www.mobylines.it, www.forti.it/moby/, www.forti.it/lineagdfi/ und www.lloydsardegna.it.

Mit dem Flugzeug

- **Lufthansa** (Tel. 0 69/25 52 55) fliegt im Sommer mehrmals wöchentlich ab München und Frankfurt/M. nach Olbia bzw. Cagliari, www.lufthansa.de
- **Alitalia,** (Tel. 0 69/69 50 52 33) fliegt täglich nach Olbia bzw. Cagliari, evtl. Umsteigen in Mailand oder Rom www.alitalia.com
- **Meridiana** (Tel. 0 69/9 20 04 50) fliegt mehrmals wöchentlich (April bis Okt.) ab Frankfurt/M. nach Olbia, Alghero und Cagliari, www.meridiana.it
- **Air Dolomiti** fliegt einmal pro Woche die Strecke München–Cagliari, www.airdolomiti.it
- **Hapag Lloyd Express** bietet unter www.hlx.com täglich einen Flug von Hannover und Köln nach Olbia. Teilweise schon ab 19,90 €.

Durch das Landesinnere kann man mit dem nostalgischen Treno verde reisen

Auf Sardinien unterwegs

Mit dem Auto

Die komfortabelste Art, sich auf Sardinien fortzubewegen, ist das eigene Auto. Mietwagen (internationale Anbieter an den Flughäfen) mit Vollkasko und Kilometergeld haben jedoch ihren Preis. Günstigere Konditionen bekommt man, wenn man das Auto im Heimatland über ein Reisebüro bucht.

Die vielen Kurven, vor allem auf den kleinen Straßen kosten Zeit. Zügig kommt man nur auf den Schnellstraßen zwischen Porto Torres – Cagliari und Olbia – Cagliari voran. An Geschwindigkeitsbeschränkungen gelten: in Ortschaften 50 km/h, auf Landstraßen 90 km/h und auf Autobahnen 130 km/h. Tankstellen sind im Landesinneren dünn gesät.

Mit öffentlichen Verkehrsmitteln

Ein dichtes **Busnetz** ermöglicht es, relativ problemlos und preiswert die ganze Insel zu bereisen. **Bahnreisen** sind zwar wunderschön und ebenfalls preiswert, doch eher zeitraubend.

**Cagliari

Karte Seite 34

Metropole am Mittelmeer

Die Hauptstadt der gleichnamigen Provinz sowie der autonomen Region Sardinien ist auch die größte Stadt (380 000 Einw.) der Insel, ihr wichtigster Hafen und Sitz einer Universität. Zwar gilt Cagliari weder als italienische Kunstmetropole noch als bedeutender Hafen, dafür aber ist die Stadt am Golfo di Cagliari eine besonders liebenswürdige Hafenstadt und hat all das zu bieten, was man mit italienischer Lebensfreude und Kultur verbinden mag. Ein Brückenkopf zwischen Italien, Spanien und dem nordafrikanischen Festland war Cagliari schon immer. Wie keine andere Stadt der Insel stand sie über Jahrtausende unter dem Einfluss von fremden Mächten und ist vielleicht auch deshalb die lebhafteste, aufgeschlossenste und modernste Stadt Sardiniens.

Cagliaris pittoreske Altstadt

Geschichte

Die ältesten bekannten Zeugnisse einer Besiedlung gehen auf das 3. Jt. v. Chr. zurück. Im 8. Jh. v. Chr. gründeten die Phönizier den Hafenort Karali, und spätestens seit dieser Zeit kann man von einer konstanten Ansiedlung sprechen. Wegen seiner günstigen Lage entwickelte es sich bald zu einem bedeutenden Mittelmeerhafen, den sich auch die Punier, die um 500 v. Chr. die phönizische Vorherrschaft durchbrachen, zunutze machten.

Als dann im 3. Jh. v. Chr. die Römer die Oberhand über das punische Karali gewannen, tauften sie es einfach in *Caralis* um und übernahmen die bereits vorhandene Infrastruktur. Caralis wurde zum wichtigsten Flotten- und Militärstützpunkt auf Sardinien. In der Stadt selbst zeugt vor allem das Amphitheater von den Spuren, die Rom auf der Insel hinterließ.

Mit dem Zerfall des Römischen Reiches begann ein eher düsteres Kapitel Stadtgeschichte. Erst um die Jahrtausendwende wurde Cagliari eine freie Stadt und das wichtigste Judikat der Insel, bis es schließlich wieder unter fremde Vorherrschaft fiel, zunächst unter maurische, dann unter pisanische. Die Pisaner ließen zum Schutz gegen die ständigen Angriffe der Genuesen das Kastell errichten. Die Torre dell'Elefante ist das wohl bekannteste Bauwerk pisanischer Festungsarchitektur in der Inselhauptstadt.

1326 eroberten die spanischen Aragonesen die wehrhafte Festung und errichteten wie überall auf der Insel ihr diktatorisches Regime. 1418 wurde die Stadt Sitz des spanischen Vizekönigs, der hier 1421 das erste sardische Parlament einberief, dem jedoch kein einziger Sarde angehörte. Unter brutalster Machtausübung regierten die Spanier bis zu Beginn des 18. Jhs. auf Sardinien, das nach einem kurzen habsburgischen Intermezzo schließlich an das Königshaus Savoyen-

Karte Seite 34

Piemont fiel. Im 19. Jh. wurde Cagliari von Epidemien heimgesucht und schrumpfte auf 35 000 Einwohner.

Düstere Stunden erlebte die Stadt im Zweiten Weltkrieg, als alliierte Flugzeuge sie zu etwa zwei Dritteln in Schutt und Asche bombten. Beim raschen Wiederaufbau nach 1945 wurde alte Bausubstanz geopfert, inzwischen wurden jedoch viele bedeutende Zeugnisse der historischen Stadtentwicklung wieder in den Blickpunkt des öffentlichen Interesses gerückt.

In Cagliari sind **Parkplätze** rar und teuer. Zwischen 8.30 und 12 Uhr sowie zwischen 16 und 20 Uhr zahlt man auf allen blau markierten Parkplätzen 2 € für die erste Stunde und 2 € für jede weitere. Kostenlos parken kann man auf den weiß markierten Plätzen; dafür muss man sich aber frühmorgens oder am späten Abend auf die Suche begeben.

Zum Castello-Viertel

Eine großzügig geschwungene Freitreppe führt von der verkehrsreichen Piazza Costituzione zur parkartigen Aussichtsterrasse ***Terrazza Umberto I.** ❶ hinauf, um 1900 über der spanischen **Bastione di San Remy** errichtet. Von hier eröffnet sich ein herrlicher Blick auf den Hafen, den Ostteil der Stadt sowie den Stagno di Cagliari. Die Terrazza ist ein beliebter Treffpunkt nicht allein der Jugend Cagliaris, denn allabendlich findet hier wie überall in Italien der *corso* statt, den Jung und Alt gleichermaßen pflegen, sowie sonntags ein riesiger Flohmarkt.

Ideal für Fußgänger

Die wichtigsten Sehenswürdigkeiten liegen nahe beieinander und legen es nahe, die Stadt zu Fuß zu erkunden. Der lebhafte Verkehr, das Gewirr der Einbahnstraßen, die engen Altstadtgassen und die teuren Parkplätze lassen es ratsam erscheinen, in Cagliari aufs Auto zu verzichten.

Eine weitere Treppe führt nun noch höher hinauf zum ältesten Stadtteil Cagliaris, dem ****Castello,** dessen Basteien aus spanischer Zeit in weiten Teilen noch sehr gut erhalten sind. Bereits die Pisaner befestigten im 13. Jh. den strategisch günstig gelegenen Felsenberg mit einer Verteidigungsanlage. Sein heutiges Aussehen verdankt das Castello-Viertel jedoch weitgehend der spanischen Epoche. Nachdem die Aragonesen Cagliari erobert hatten, verdrängten sie die sardischen Einwohner vor die Tore der Festung. Bis ins 19. Jh. hinein war das Castello Sitz der Adeligen und Reichen der Stadt, bevor diese an die neu errichteten Prachtboulevards der Unterstadt zogen. Das mittelalterliche Ambiente der Gassen und kleinen Läden verleiht dem Stadtteil eine ganz besondere Atmosphäre. So manches hier erinnert noch an die spanischen Eroberer, wie die oft in spanischem Barock gestalteten Häuserfassaden.

Einen Espresso in der traditionsreichsten Bar der Stadt sollten Sie sich nicht entgehen lassen. Das **Caffè Genovese** an der Piazza Costitutione ist wunderschön und im alten Stil eingerichtet.

An der *Torre dell'Elefante ❷

Der rund 35 m hohe südwestliche Verteidigungsturm, 1307 von dem pisanischen Baumeister Capula errichtet, ist

Karte Seite 34

Cagliaris Wahrzeichen und eines der schönsten Beispiele pisanischer Festungsarchitektur auf Sardinien. Imposant sind neben den mit Schießscharten und Konsolen versehenen Turmebenen das mit Metallspitzen verstärkte Fallgitter sowie das eisenbeschlagene Tor. Auf der der Universität zugewandten Seite findet sich in etwa 10 m Höhe die Statue eines kleinen, weißen Elefanten.

Unterhalb liegt der **Palazzo dell' Università ❸** von 1765. Cagliaris Universität wurde 1620 von den Spaniern gegründet. Die Handschriftensammlung der Bibliothek verwahrt auch die berühmte *carta de logu* der Eleonora d'Arborea (s. S. 19, 23), das erste bekannte Schriftstück in sardischer Sprache.

*Cattedrale Santa Maria di Castello ❹

Geht man quer durch das Stadtviertel, gelangt man auf der gegenüberliegenden Seite der Festungsanlage zur Piazza Palazzo mit der Kathedrale. Der erste Eindruck täuscht, denn die blendende Marmorfassade, ganz im Stil des pisanischen Barock mit Säulenbogen und Mosaiken gehalten, stammt aus dem Jahr 1933.

Im 13. Jh. von Pisanern gegründet, wurde der Dom im Laufe der Jahrhunderte mehrmals umgebaut und verändert, so auch die Fassade, die von den spanischen Aragonesen im 14. Jh. nach spanischen Vorstellungen umgestaltet wurde. 1933 ging man daran, die Kathedrale dem pisanischen Ursprungsbau wieder anzugleichen.

Üppiger südländischer Barock eröffnet sich dem Betrachter im Innenraum, geprägt durch die Altäre in verschiedenfarbigem Marmor, die prachtvollen goldüberzogenen Schreine und natürlich das prunkvolle Deckengemälde. Das größte Kleinod der

Die Kathedrale Santa Maria di Castello versteckt sich im Festungsviertel

Kathedrale liegt gleich neben dem Haupteingang. Es ist die **Marmorkanzel** des pisanischen Meisters Guglielmo, der sie zwischen 1159 und 1162 für den Dom von Pisa anfertigte. Im 14. Jh. wurde diese jedoch durch eine neue Kanzel von Giovanni Pisano ersetzt und das alte Prachtstück nach Cagliari gebracht. Die wunderschönen filigranen Reliefs über das Abendmahl oder die Bergpredigt, machen die Kanzel zu einem herausragenden Zeugnis pisanischer Kunst auf Sardinien. Zur Kanzel gehörten auch die beiden Löwen am Eingang des Presbyteriums.

Aus spanischer Zeit stammen ebenfalls der aragonesische Altar rechts neben dem Hauptaltar sowie die Krypta, deren Deckengewölbe mit mehr als 500 fein gearbeiteten barocken Rosetten überzogen ist. Sie beherbergt etwa 300 Grabkammern.

Torre di San Pancrazio ❺

Den nördlichen Abschluss des Castello-Viertels bildet die Torre di San Pancrazio, ebenfalls ein Werk des pisanischen Baumeisters Capula. Der 1304 errichtete Turm ist bis heute der höchste Aussichtspunkt der Stadt.

CAGLIARI
0
250 m
Viale Buon Camino
Galleria Comun. d'Arte
S. Vincenzo
Viale S. Ignazio da Laconi
Viale Merello
Viale Luigi
Viale Trento
Corso Vittorio Emanuele II
Via Tigellio
Oristano, Iglesias
Via Goffredo
Viale Trieste
Via Roma
Pula
Viale la Plaia
Via Riva di Ponente
Stazione
P.za Matteotti
Municipio
P.za di Carmine
Sassari
Mameli
Largo Carlo Felice
Via Ospedale
V. S. Giorgio
S. Anna
Via D. A. Azuni
Via S. Margherita
Via Cammino Nuovo
Via dei Genovesi
V. Martini
P.za Arsenale
P.za Indipendenza
P.za Palazzo
Prefettura
Vle Reg. Elena
Viale Regina Elena
Via S. Giovanni
Bastione S. Remy
P.za Costituzione
Via Manno
Bayllé
S. Agostino Intra Moenia
Via D. Pisani
Via Sardegna
Vle Reg. Margherita
P.za Amendola
Via XX Settembre
Viale
P.za Deffenu
Lungomare
Via Crist
Porto
Staz. Marittima
Darsena
Oristano
Via G. Garib
Via Lam
1
2
3
4
5
6
7
8
9
10
11
12
13
14

❶ Terrazza Umberto I.
❷ Torre dell'Elefante
❸ Palazzo dell'Università
❹ Cattedrale Santa Maria di Castello
❺ Torre di San Pancrazio
❻ Cittadella dei Musei
❼ Sant'Efisio
❽ San Michele
❾ Piazza Yenne
❿ Anfiteatro Romano
⓫ Botanischer Garten
⓬ Villa di Tigellio
⓭ Punisch-römische Nekropole
⓮ Grab der Attilia Pomptilla
⓯ Santuario di Bonaria
⓰ SS. Cosma e Damiano

Karte Seite 34

Hoch zu Ross bei der Sagra di Sant'Efisio

Cittadella dei Musei ❻

Von der Piazza Palazzo, so benannt nach dem heutigen Palazzo Prefettura, der hier 1814 als Residenz der sardisch-piemontesischen Könige errichtet wurde, führt die Via Martini über die Piazza Indipendenza zur Piazza Arsenale mit ihrem Museumskomplex, dessen zeitgenössische Erweiterungsbauten sich harmonisch in die vorgegebene Festungsarchitektur der einstigen spanischen Zitadelle einfügen.

Neben der **Asiatica-Sammlung** von Stefano Cardu (Di–So 9–13 und 16–20 Uhr) befindet sich dort im **Museo Civico Orientale** eine große Sammlung der Wachstafeln, welche der Florentiner Künstler Clemete Susini unter der Leitung des Anatomen Francesco Antonio Boi von 1803 bis 1805 anfertigte (Di–So 9–13 und 16–19 Uhr).

Spektakulär jedoch ist die Sammlung des 1802 gegründeten ****Museo Archeologico Nazionale**. Es zeigt bedeutende Funde aus der Zeit der Nuraghenkultur, der phönizischen und punischen Vorherrschaft, der römischen Epoche sowie Handwerkskunst aus der mittelalterlichen Zeit der vier sardischen Judikate.

Der wertvollste Schatz des Archäologischen Museums sind die etwa 400 *****bronzetti,*** bronzene Statuetten aus dem 8. bis 5. Jh. v. Chr., die aus den Nuraghensiedlungen geborgen wurden. Die Namen, die man ihnen gegeben hat – »Bogenschütze«, »Mutter des Getöteten« oder »Venus von Macomer« –, weisen darauf hin, dass in den bis zu 40 cm hohen Figuren unterschiedliche Lebens- und Erfahrungsbereiche der Menschen der damaligen Zeit gestaltet wurden. Da die Bronzetti im so genannten verlorenen Guss hergestellt sind, d. h. in Tonformen, die nur einmal verwendet wurden, stellt jede Bronze ein Unikat dar.

Zeugnisse aus phönizischer und punischer Zeit sind Vasen und Keramikkrüge aus Tharros, verschiedene Inschriften, eine Holzstatuette der Kore aus Olbia sowie zauberhaft anmutende punische Masken aus Terrakotta. Münzen, Amphoren, Schmuck sowie ein Mosaik aus dem 2. Jh. n. Chr. dokumentieren die Präsenz der Römer auf Sardinien (Di–So 9–20 Uhr).

Auch die ***Pinacoteca Nazionale** gehört zum Museumskomplex. Die Gemäldegalerie kann auf ihre *retablos,* eine Sammlung von katalanisch-sardischen Tafelbildern, vorwiegend aus dem 15. bis 17. Jh., stolz sein. Viele dieser Werke sind nur ungenau datiert und namentlich nicht bekannten Künstlern wie dem Maestro di Olzai oder dem Maestro di Sanluri zugeschrieben. Anhand ihrer Arbeiten lässt sich die Entwicklung von der flächenhaften und schematischen zur plastischen Malkunst nachweisen (Di–So 9–20 Uhr).

Die Altstadt

Viele Wege führen nun durch Cagliaris malerische Altstadt zu Füßen des Castello zur Kirche **Sant'Efisio ❼**, die dem christlichen Märtyrer und Schutzpa-

Karte Seite 34

tron Cagliaris geweiht ist. Die ursprünglich um 1100 errichtete Kirche wurde im 18. Jh. erneuert.

200 m südlich der Kirche kann man die ausgedehnten **Katakomben** von Cagliari besichtigen (Eintritt frei).

Die ***Sagra di Sant'Efisio,** das vier Tage dauernde schönste Fest Cagliaris, nimmt hier am 1. Mai mit einer farbenprächtigen Prozession ihren Anfang. Der Zug trägt die Statue des Heiligen, begleitet von Gruppen aus ganz Sardinien, zur Kapelle von Nora und anderntags wieder zurück.

Durch die Altstadt gelangt man weiter zur Piazza San Michele mit der gleichnamigen Barockkirche aus dem 17. Jh. **San Michele ❽** ist stark von den Einflüssen spanischer Baukunst geprägt, Holz- und Marmorschmuck der Kirchenausstattung und die sakralen Darstellungen zeigen die Handschrift sardischer Meister. Die Holzstatue des hl. Michael gilt als eines der bedeutendsten Beispiele sardischer Handwerkskunst des 17. Jhs.

Der Via Azuni folgend, erreicht man die **Piazza Yenne ❾**. In ihrer Mitte markiert eine antike Porphyrsäule den Ausgangspunkt der Nationalstraße SS 131, der Carlo Felice (235 km lang).

Auf den Spuren der Römer

Unmittelbar nordwestlich von Cagliaris Altstadt wandelt man im ***Anfiteatro Romano ❿** auf den Spuren der Römer. Für das größte noch erhaltene römische Bauwerk der Insel aus dem 2. Jh. n. Chr. haben die Baumeister geschickt die natürlichen Gegebenheiten des Geländes genutzt und die Sitzreihen des Theaters in die Felsen geschlagen. Das Theater bot etwa 10 000 Besuchern Platz. Erhalten sind

Für sommerliche Freilichtaufführungen ist das Amphitheater bestens geeignet

noch einige Gräben sowie unterirdische Käfige für die Tiere. In den letzten Jahren wurde es grundlegend renoviert, heute finden hier im Sommer Gratis-Freilichtveranstaltungen statt (tgl. 8–19 Uhr).

Nur wenige Schritte unterhalb des Amphitheaters liegt der **Botanische Garten** *(Orto Botanico)* **⓫**, mit seinen gewaltigen tropischen Palmen, riesigen Stauden von Schilfgras oder blühenden heimischen Ginstern eine Oase der Ruhe und Beschaulichkeit (Di–So 9–13, 17–20 Uhr).

Überquert man nun den Viale Sant'Ignazio, stößt man in der Via Tigellio wieder auf römische Spuren. Bei der **Villa di Tigellio ⓬** handelt es sich eigentlich um die Überreste dreier römischer Villen aus der Kaiserzeit. Vom Prunk vergangener Zeiten sind noch einige Säulen sowie ein stark beschädigtes Bodenmosaik übrig geblieben.

Etwa zehn Gehminuten nordwestlich von hier erstreckt sich über dem Hügel Colle Tuvixeddu die ***punisch-**

Karte Seite 34

Die Torre di Spagnola wacht über den Strand von Poetto

römische Nekropole ⑬ von Cagliari. Diese Anlage mit Hunderten von Felsgräbern stammt aus der Zeit zwischen dem 5. Jh. v. Chr. bis 3. Jh. n. Chr. Die hier gefundenen Grabbeigaben sind heute im Archäologischen Nationalmuseum der Stadt zu sehen.

Spaziert man nun von hier weiter in nordwestlicher Richtung, kommt man zum **Grab der Attilia Pomptilla** ⑭ in der Via S. Avendrace Der Name der *Grotta della Vipera* oder »Schlangenhöhle« rührt von den beiden Schlangen her, die das Felsengrab zieren.

Abends zum Stadtstrand

In den heißen Sommermonaten fliehen die Cagliaresen am späten Nachmittag gerne zum Baden an den acht Kilometer vom Stadtzentrum entfernten Sandstrand von **Poetto**. Hier ist dann jedoch nicht allein Baden angesagt, sondern Strandvergnügen pur, und zwar nach allen Regeln südländischer Kunst. Von Juni bis Ende August wird hier ein richtiger Lunapark installiert, mit Markt- und *porchetta*-Ständen, Autoskooter, Bars und Karussell. Einen derart abwechslungsreich verbrachten Tag am Meer kann man dann abends gut noch in einer der vielen Strandpizzerien ausklingen lassen.

Durchs Marina-Viertel zu San Saturno

Von der Piazza Costituzione streift man durch die »gute Stube« Cagliaris, die **Via Manno,** mit ihren schmucken Bürgerhäusern aus der Zeit um 1900. Hier ist alles vertreten, was in der italienischen Modewelt Rang und Namen hat. Neben den Nobelgeschäften findet man aber auch noch einen Devotionalienladen oder eine Schuhmacherwerkstatt. Natürlich muss ein Einkaufsbummel auch die Prachtstraße, den **Largo Carlo Felice,** beinhalten. Er führt von der beschaulichen Piazza Yenne hinunter zur lauten **Via Roma** mit ihren hohen Arkadengängen sowie zum Hafen von Cagliari.

Kulinarisch betrachtet ist das Marina-Viertel das Herz der Insel. In der **Via Sardegna** reiht sich Trattoria an Trattoria und offeriert die abwechslungsreichen Fischspezialitäten der sardischen Küche, etwa *spaghetti bottarga* mit Meeräschenkaviar oder *cozze del Golfo* (Miesmuscheln) und dazu köstlichen Pecorino.

Sardische Spezialitäten wie Wildschweinsalami, Pane Carasau oder Bottariga gibt es bei **Pisu** (Via Baille 39).
▪ **Zedda Piras** bietet sardische Weine, Liköre und Schnäpse an, darunter den bekannten *mirto* (Via Ciusa 125).

Via Roma und Via Sardegna münden auf die Piazza Amendola, von der der Viale Bonaria zum imposanten ***Santuario di Bonaria** ⑮ führt. Die aus dem

Karte Seite 34

14. Jh. stammende gotisch-katalanische Kirche ist für die Sarden das wichtigste Wallfahrtsziel, bewahrt sie doch die Statue der Schutzheiligen der Seefahrer, die 1370 in einer Holzkiste an Land gespült wurde. Weil man ihr wundertätige Wirkung zuspricht, finden sich im angeschlossenen Konvent eine Vielzahl rührender Votivtäfelchen und Danksagungen.

Der Weg zurück zum Stadtzentrum führt am Friedhof vorbei zur Kirche ***SS. Cosma e Damiano** ⑯, Cagliaris ältestem Gotteshaus. Sie wird auch **San Saturno** genannt, da der hl. Saturnus in dieser ursprünglich frühchristlichen Basilika (5. Jh.) sein Martyrium erlitten haben soll. Von den Erweiterungsbauten des 11./12. Jhs. ist nur noch der östliche erhalten: ein frühromanischer Bau mit eindrucksvollem Tonnengewölbe und Apsis.

Infos

E.S.I.T., Via Mameli 97, I-09124 Cagliari, Tel. 0 70 66 41 95, Fax 0 70 65 82 00, www.esit.net
▮ **I.A.T.,** Ufficio Informazioni e di Accoglienza Turistica, Piazza Matteotti 9, Tel. 0 70 66 92 55, Fax 0 70 66 49 23 www. tiscalinet.it/asstca/

Flughafen: Elmas, 8 km nordwestlich vom Zentrum; EPT-Schalter: Tel. 0 70 24 02 00.
Bahnverbindungen: Iglesias, Sassari, Arbatax, Sorgono.
Busbahnhof: Fernbusse der Granturismo Grani, Piazza Darsena 4.
Fährverbindungen: Genua, Livorno, Civitavecchia, Neapel, Palermo, Trapani, Tunesien.

Regina Margherita, Viale Regina Margherita 44, Tel. 0 70 67 03 42, Fax 0 70 66 83 25, www.hotelreginamargherita.com. Tophotel in Cagliari, gute Lage unterhalb der Bastione di San Remy. ○○○
▮ **Panorama,** Viale A. Diaz 231, Tel. 0 70 30 76 91, Fax 0 70 30 54 13, www.hotelpanorama.it. Nobles Stadthotel am lauten Viale A. Diaz. ○○○
▮ **Sardegna,** Via Lunigiana 50/52, Tel. 0 70 28 62 45, Fax 0 70 29 04 69, www.shg.it/hsardegna. Komfortables First-Class-Hotel nahe Altstadt, regionale und internationale Küche. ○○○
▮ **Quattro Mori,** Via G. M. Angioy 27, Tel. 0 70 66 85 35, Fax 0 70 66 60 87. Sympathisch, zentral – und ruhig. ○○
▮ **Italia,** Via Sardegna 31, Tel. 0 70 66 04 31, Fax 0 70 65 02 40, www.sardegnasud.com; zentrale Lage, modern, komfortabel. ○○
Campingplatz: Pini e mare, Loc. Capitana, 12 km von Quartu S. Elena, Tel. 0 70 80 31 03.

Dal Corsaro, Viale Regina Margherita 28, Tel. 0 70 66 43 18, www.dalcorsaro.com (So Ruhetag) Feinstes Feinschmeckerlokal in Cagliari. ○○○
▮ **Saint Rémy,** Via Torino 16, Tel. 0 70 65 73 77. (Samstagmittag und So geschlossen) Edles, gut geführtes Restaurant mit sardischer und italienischer Küche. ○○○
▮ **Trattoria Gennargentu,** Via Sardegna 60, Tel. 0 70 65 82 47. Einfache, aber ausgezeichnete Trattoria mit hervorragenden Fischgerichten. ○○
▮ **Trattoria Lillicu,** Via Sardegna 78, Tel. 0 70 65 29 70. (So Ruhetag) Einfach und laut, aber ein echtes Muss in Cagliari. ○○

ISOLA. Das Istituto Sardo Organizzazione Lavoro Artigiano betreibt in der Via Bacaredda 176/178 eine große Verkaufsausstellung sardischer Handwerkskunst.

Karte
Seite
43

**Sassari

Handelszentrum mit Tradition

Studentisches Flair und urbanes Leben in der Innenstadt, Industrie- und moderne Gewerbebauten in den Randbezirken, so zeigt sich Sassari (144 000 Einw.) heute als ein modernes Wirtschafts- und Verwaltungszentrum. Die Hauptstadt der gleichnamigen Provinz, nur knappe 20 km vom Meer entfernt, war schon seit alters ein bedeutender Handelsplatz und ist die am stärksten vom italienischen Festland geprägte Stadt der Insel. Die Sassaresen haben wenig gemein mit den Fischern und Seefahrern der Küste, und mit den Hirten und Bauern des Berglandes verbindet sie höchstens der Stolz, echte Sarden zu sein. Im Gegensatz zu vielen anderen sardischen Orten, in denen oftmals eine eher verhaltene Atmosphäre herrscht, ist Sassari eine lebendige, ja heitere Stadt.

Geschichte

Sassari war immer die Nummer zwei hinter der Inselmetropole Cagliari – und daran hat sich bis heute nichts geändert. Als Sassari 1131 zum ersten Mal urkundlich erwähnt wurde, konnte Cagliari bereits auf über 1500 Jahre Stadtgeschichte zurückblicken. Die eigentliche Gründung erfolgte jedoch im 7. und 8. Jh. n. Chr., als die Hafenstadt *Turris Libyssonis* – das heutige Porto Torres – zunehmend von arabischen Piraten heimgesucht wurde und sich ein Teil ihrer Bewohner weiter ins Hinterland zurückzog. Im 13. Jh. war Sassari eine bedeutende Handelsstadt, in der pisanische, genuesische und französische, später aragonesische Kaufleute zusammentrafen. Die »Statuti Sassaresi«, 1294 erlassen und 1326 erstmals im sassaresischen Dialekt veröffentlicht, begründeten den Status der Stadt als freie Kommune. 1438 wurde Sassari aufgrund seiner politischen und wirtschaftlichen Bedeutung das Stadtrecht zuerkannt und der Bischofssitz von Turris hierher verlegt. Keine 200 Jahre später, 1617, wurde die erste Universität Sardiniens hier gegründet – drei Jahre früher als in Cagliari; fast gelang es also der Stadt, die alte Rivalin zu überflügeln. Doch die Pestepidemie, die wenige Jahrzehnte später ausbrach, raffte die Bevölkerung dahin, und Sassari verfiel für hundert Jahre in eine Art Dornröschenschlaf.

Erst gegen Ende des 18. Jhs. machte Sassari wieder auf sich aufmerksam, als im Gefolge der Französischen Revolution sich auch auf Sardinien eine antifeudalistische Bewegung Gehör verschaffte. Ihr gelang es noch nicht, das alte System zu überwinden. Im 19. Jh. rückte die Stadt erneut in den Blickpunkt des Interesses: Die berühmte Straße Carlo Felice, die von Cagliari über Sassari nach Porto Torres führt, wurde 1829 vollendet, und 1835 wurde die Seelinie von Porto Torres nach Genua eröffnet, während 1872 auch die Zugstrecke zwischen Porto Torres und Sassari fertig gestellt wurde. Die Stadt wuchs über den Mauerring hinaus, 1877 wurde die Burg der spanischen Unterdrücker abgerissen, und Sassari konnte sich als Handelsstadt weitflächig ausbreiten.

Piazza Italia ❶

Mittelpunkt des modernen Sassari ist die von Repräsentationsbauten aus dem 19. Jh. gesäumte Piazza Italia. Als

Karte Seite 43

Sassari im 19. Jh. aus allen Nähten zu platzen drohte, ging man daran, ein komplett neues Stadtviertel zu planen – diesmal nicht als dichtes Gewirr von kleinen Gassen, sondern geradlinig, weitläufig und modern. 1872 wurde die weite Piazza angelegt, die die enge Altstadt mit den neuen, großzügiger gestalteten Stadtvierteln verbindet.

Hier sollte man ruhig ein wenig verweilen und in die besondere Atmosphäre der Stadt eintauchen. Studenten lagern zu Füßen des Piemonteser Königs Vittorio Emanuele II., dessen Denkmal über die Piazza wacht, alte Leute schauen von den marmornen Bänken dem Geschehen zu, in der Hand die aufgeschlagene »Unione Sarda«, und in den Cafés und Bars rund um den großen Platz sind freie Tische und Stühle meist Mangelware. In den frühen Abendstunden trifft sich ein buntes Volk auf der Piazza Italia zum üblichen *corso*, dem Flanieren und Parlieren zwischen Geschäftsschluss und Abendessen.

Die Cavalcata Sarda in Sassari

An der Nordostflanke der Piazza Italia führt eine wuchtige Freitreppe hinauf zum ganz in Gelbtönen gehaltenen **Palazzo della Provincia,** der in den Jahren 1837 bis 1880 im klassizistischen Stil erbaut wurde. Das Innere des Gebäudes schmücken zwei Fresken des sizilianischen Malers Giuseppe Sciuti von 1881, die aufschlussreiche Szenen aus der Stadtgeschichte zeigen.

So feiern die Sassaresen

Zwei große Ereignisse prägen den Jahresablauf der Sassaresen: Am vorletzten Sonntag im Mai findet die **Cavalcata Sarda,** der »Sardische Ritt«, statt. Obwohl dieses Fest erst zu Beginn der 1950er Jahre eingeführt wurde, ist die Cavalcata heute, ähnlich wie das Fest des hl. Efisius in Cagliari, eines der beliebtesten und wichtigsten Feste der Insel. In einem großen Umzug präsentieren sich am Vormittag farbenprächtige Trachtengruppen aus ganz Sardinien, nachmittags locken spannende Reiterwettkämpfe, und bis spät in die Nacht wird dann auf der Piazza Italia gefeiert und getanzt.

Am Abend des 14. August gedenkt die Stadt mit der **Festa dei Candelieri** dem Ende der schweren Pestepidemie von 1582, das die Sassaresen damals zu Ehren der Muttergottes mit einer großen Lichterprozession feierten. Dabei werden die großen hölzernen *candelieri* aus der Kirche Santa Maria di Betlém bei einer feierlichen Prozession von Vertretern des Handwerks und der Zünfte durch die Stadt getragen.

Karte Seite 43

Fontana di Rosello

Corso Vittorio Emanuele

Der Corso ist die belebteste und für Sassari typischste Straße, in der sich Geschäfte und Läden aneinander reihen. Es gibt nichts, was es hier nicht zu kaufen gäbe – vom Kanarienvogel bis hin zu teuren Lederwaren –, alles findet man in der bei Einheimischen wie Fremden gleichermaßen beliebten Hauptschlagader Sassaris.

Piazza Azuni ❷

Von der Piazza Castello gelangt man über die Flaniermeile – Boulevards mit Cafés und Geschäften – zur palmenbestandenen **Piazza Azuni.** Ein Denkmal in der Mitte des Platzes erinnert an den Rechtsgelehrten und Historiker Domenico Alberto Azuni (1749–1827), der im Auftrag Napoleons I. das französische Seerecht verfasste und der Autor eines Buches über die Geschichte Sardiniens ist.

Piazza Sant'Antonio ❸

Mit einem leichten Gefälle führt der Corso von der Piazza Azuni hinunter zur Piazza Sant'Antonio. Folgt man dem Corso, kommt man am Haus Nr. 42 vorbei. Es war angeblich im Besitz von Enzio, dem Sohn des Stauferkaisers Friedrich II., der diesem 1238 den Titel »König von Sardinien« verliehen hatte. Die Straße mündet auf die Piazza Sant'Antonio mit der Säule des hl. Antonius; zu seinen Füßen versammelten sich früher die Tagelöhner und warteten auf ihre Brotherren. Hinter der Piazza liegt der Bahnhof.

*Fontana di Rosello ❹

Etwa auf halbem Wege zwischen Piazza Azuni und Piazza Sant'Antonio zweigt, auf Höhe des klassizistischen Palazzo San Sebastiano aus dem 18. Jh., rechter Hand die Via Rosello ab. Sie führt zur bezaubernden Fontana di Rosello, 1606 von Baumeistern aus Genua im späten Renaissancestil errichtet. Der Brunnen aus weißem und grünem Marmor in Form eines rechteckigen, doppelstöckigen Tempels wird von einer steinernen Bogenkonstruktion bekrönt, die ein Reiterstandbild des hl. Gavino trägt. Im unteren Teil symbolisieren Statuen die vier Jahreszeiten, 12 Marmorlöwenköpfe speien Wasser in die Brunnenanlage. Schon im 13. Jh. versorgte der Brunnen die Stadt mit Trinkwasser.

*Santa Maria di Betlém ❺

Von der Piazza Sant'Antonio führt der Corso Francesco Vico in südlicher Richtung zur Piazza Santa Maria. Hier steht man vor einer der ältesten Kirchen Sassaris, der Benediktinerkirche Santa Maria di Betlém. Ihr Bau wurde 1106 begonnen. Umbauten im 13. Jh. bescherten ihr eine romanische Fassade und ein pisanisches Portal. Ihre große Kuppel stammt aus dem 17. Jh. Im Kirchenraum fällt der Blick auf die

Karte
Seite
43

großartigen Schnitzaltäre sowie die *candelieri,* hölzerne Leuchter und Votivkerzen, die jedes Jahr im August zur Erinnerung an das Ende der Pest im Jahr 1582 in einer Prozession feierlich durch die Stadt getragen werden.

*Dom San Nicola ❻

Nur 200 m trennen Santa Maria di Betlém vom Dom, der dem hl. Nikolaus von Bari geweiht ist. Die Kathedrale wurde im 14. Jh. über einem kreuzförmigem Grundriss im gotisch-katalanischen Stil erbaut. Sie geht auf eine kleine Landkirche aus dem 11. Jh. zurück, die frühe Siedler aus Porto Torres an dieser Stelle errichteten. Um 1700 entstand die Fassade im spanischen Barock mit unzähligen Statuen, Wappen und Schmuckreliefs. Das stark barockisierte Kircheninnere wurde nach dem Krieg im ursprünglichen gotischen Stil restauriert, nur in den Seitenkapellen sind einige barocke Altäre erhalten.

Dommuseum

Das Dommuseum (Eintritt von der Kirche aus) zählt Messgewänder, Silberarbeiten sowie eine Statue des hl. Gavino zu seinen Schätzen. Berühmt ist die Prozessionsstandarte aus dem 15. Jh., die ein Bildnis der Madonna mit Kind sowie eine Darstellung der heiligen Veronika zeigt, große Zeugnisse der sardischen Malerei aus der Zeit der spanischen Fremdherrschaft. (Mi, Fr, Sa 10–12, 16–18 Uhr)

❶ Piazza Italia
❷ Piazza Azuni
❸ Piazza Sant'Antonio
❹ Fontana di Rosello
❺ Santa Maria di Betlém
❻ Dom San Nicola
❼ Palazzo dell'Università
❽ Giardino Pubblico
❾ Museo Nazionale G. A. Sanna

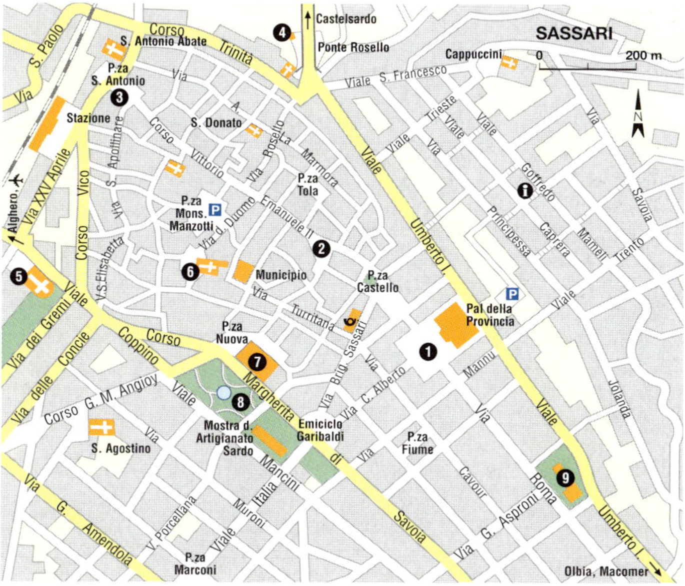

Karte Seite 43

Der Dom San Nicola

Rathaus und Universität

Palazzo del Comune

Neben der Kathedrale steht der aufwändig restaurierte Palazzo del Comune, der im 18. und 19. Jh. erbaut wurde und heute das Rathaus von Sassari ist. Im 2. Stock des Palazzo ist die **Biblioteca Comunale** untergebracht, zu deren wertvollsten Bänden eine Abschrift von Dantes »Göttlicher Komödie« von 1484 gehört.

Palazzo dell'Università ❼

Südlich des Rathauses gelangt man zum Palazzo dell'Università, der ältesten Universität Sardiniens. 1565 aus privaten Mitteln eines Sassaresen als Kolleg der Jesuiten gegründet, wurde sie 1617 in einer Urkunde des spanischen Königs Philip III. offiziell als Universität anerkannt.

Giardino Pubblico ❽

Wenige Schritte von der Universität entfernt erstreckt sich bereits außerhalb der Altstadt der Giardino Pubblico, Sassaris Stadtpark. Die hohen, Schatten spendenden Bäume, lauschige Parkbänke und der Ausstellungspavillon der ISOLA mit sardischem Kunsthandwerk machen ihn zu einem lohnenden Ziel.

**Museo Nazionale G. A. Sanna ❾

Das Museum in der Via Roma 64 wurde 1866 als »Archäologisches Kabinett der Universität« gegründet. Es bietet einen Überblick über die sardische Geschichte und Kultur, beginnend mit dem versteinerten Wald von Martis und den frühen Kulturen der Nuragher, über die langen Zeiten der Fremdherrschaft wechselnder Mächte bis in die Zeit des hohen Mittelalters. In der ethnographischen Abteilung werden Trachten, Musikinstrumente, Möbel, Schmuck und Gebrauchsgegenstände aus den verschiedenen Regionen gezeigt (Di–Sa 9–19.30 Uhr).

Infos

i **EPT,** Viale Caprera 36, I–07100 Sassari, Tel. 0 79 29 95 44, Fax 0 79 29 94 15, www.regione.sardegna.it

Kunsthandwerk

Sassari bietet mit dem **ISOLA**-Shop (Istituto Sardo Organizzazione Lavoro Artigiano) die Möglichkeit, sardisches Kunsthandwerk wie Teppiche, Ton-, Kork- und Lederwaren, Hirtenmesser oder Schmuck bester Qualität und Ausfertigung zu vernünftigen Preisen zu erstehen. Die Niederlassung der ISOLA in Sassari gehört mit der in Cagliari zu den am besten sortierten und ist auch nur zum Schauen einen Besuch wert. (Öffnungszeiten der Filiale in der Via Predda Niedda 27: Mo–Fr 8–14 und 16–19 Uhr.)

▮ **A.A.S.T.**, Viale Umberto 72, Tel. 0 79 23 35 34, Fax 0 79 23 75 85.

Flughafen: Alghero-Fertilia (Bustransfer), Rom, Mailand, Bologna, München, Frankfurt/M. **Bahnverbindungen:** Porto Torres, Cagliari, Olbia. **Busverbindungen:** Cagliari, Porto Torres, Olbia, Nuoro und in die nähere Umgebung.

Grazia Deledda, Viale Dante 47, Tel. 0 79 27 12 35, Fax 0 79 28 08 84, www.hotelgraziadeledda.it. Einziges Viersternehotel Sassaris; modern, sehr komfortabel. ❍❍❍

▮ **Leonardo da Vinci,** Via Roma 79, Tel. und Fax 0 79 28 07 44, www.leonardodavincihotel.it. Vornehmes Dreisternehaus, ganz in der Nähe des Museo Nazionale G. A. Sanna. ❍❍❍

▮ **Giusy,** Piazza Sant'Antonio, Tel. 0 79 23 33 27, Fax 0 79 23 94 90. Zentral an der Piazza Sant'Antonio und dem lebhaften Corso Vittorio Emanuele gelegen. ❍❍

▮ **Garden,** Via Pigliaru 10, Tel. 0 79 23 13 25, Fax 0 79 25 41 23. Schlichte Ausstattung und preisgünstig Nähe Altstadt, schöner Garten. ❍

Antica Osteria, Via Giuseppe Mazzini 27, Tel. 0 79 20 00 26. Die Trattoria ist berühmt für ihre sardischen Spezialitäten wie Schnecken oder Lamminnereien. ❍❍

▮ **Da Tomaso L'Assassino,** Vicolo Ospizio dei Cappuccini 1, Tel. 0 79 23 50 41. Seit Jahren eine Pilgerstätte für Liebhaber typisch sardischer Küche (Kutteln, Lamm, Schnecken oder Pferdesteaks). ❍❍

▮ **Viva Madrid,** Via Porcellana 23. Die Enoteca verwöhnt mit kleinen Gerichten und vorzüglichen italienischen Weinen. ❍

2 *Alghero

Karte Seite 46

Die spanische Stadt

Alghero (41 000 Einw.) an der Westküste ist eines der Schmuckkästchen Sardiniens. Es bietet alles, was eine attraktive Hafenstadt zu einem beliebten Ferienziel macht: eine malerische Altstadt, einen schönen Hafen, eine gepflegte Hotellerie und Gastronomie, schöne Strände in der näheren Umgebung, interessante Sehenswürdigkeiten und ein reiches kulturelles Angebot. Die spanisch beeinflusste Altstadt präsentiert sich als geschlossenes Ensemble, das trotz der vielen Restaurants, Schmuck- und Souvenirläden nichts von seinem Charme verloren hat. Die schönste Zeit, durch die engen Gassen des historischen Zentrums zu pilgern, ist sicherlich die der abendlichen »passegiata«. Seinem Ruf als Korallenstadt wird Alghero zumindest in den Schaufenstern bis heute gerecht. Seinem kulinarischen Renommee entspricht Alghero vor allem im Mai: Dann nämlich bieten ausgesuchte Restaurants der Stadt die hervorragenden Langusten der Felsenküste vor Alghero zu besonders günstigen Preisen an.

Geschichte

Algheros Geschichte beginnt mit dem Jahr 1102, als die genuesische Familie Doria am südlichen Ende der kleinen Bucht Rada di Alghero ein mächtiges Kastell als Bollwerk im Kampf gegen die Seemacht Pisa errichtete. 1353 mussten die Doria jedoch die Stadt an die spanischen Aragonesen abtreten. Diese vertrieben die sardischen und italienischen Bewohner und holten

Karte Seite 46

katalanische Siedler auf die Insel. Die Spanier bauten die bestehenden Befestigungsanlagen weiter aus und machten Alghero zu einer rein spanischen Kolonie, zu der selbst die im Ort arbeitenden sardischen Tagelöhner nur tagsüber Zutritt hatten. Trotz wiederholter Versuche, den Aragonesen die Stadt wieder abzutrotzen, blieb sie bis ins 18. Jh. unter spanischer Oberhoheit. Bis zum heutigen Tag sind die spanischen Einflüsse unverkennbar.

Man spricht in Alghero natürlich vor allem Italienisch; unterhalten sich jedoch die Bewohner untereinander, insbesondere Vertreter der älteren Generation, so tun sie dies oft noch im katalanischen Dialekt. »Barcelonata«, kleines Barcelona, nennen sie Alghero gern wegen seines katalanisch-gotischen Stils, der sich besonders an den Glockentürmen der Kathedrale S. Maria und der Kirche San Franceso ablesen lässt. Weiteres Zeichen der spanischen Vergangenheit sind die noch immer zweisprachigen Straßenschilder, auf denen sowohl die italienische *via* als auch der katalanische *carrer* zu lesen sind.

❶ Torre della Maddalena
❷ Porta a Mare
❸ Torre Sulis
❹ Torre di Porta Terra
❺ Piazza Civica
❻ Cattedrale Santa Maria
❼ Palazzo Machin
❽ San Francesco

Stadtrundgang

Die Sehenswürdigkeiten der Altstadt kann man leicht in einem halbtägigen Rundgang bewältigen. Ein guter Ausgangspunkt für einen Spaziergang in der Altstadt ist der Jacht- und Fischereihafen, neben dem ein großer öffentlicher Parkplatz liegt. Laufmüde können mit der elektrischen Kleinbahn eine Stadtrundfahrt unternehmen, die aber weniger informativ ist.

Von der halb verfallenen **Torre della Maddalena** ❶ und der **Porta a Mare** ❷ im Norden verläuft an der Seeseite der Stadt die von den Genuesen und Spaniern zwischen dem 12. und 14. Jh. errichtete ***Stadtmauer.** Sie reicht etwa einen Kilometer weit in südliche Richtung, bis über die Piazza Sulis mit der **Torre Sulis** ❸ hinaus und führt weiter den Lungomare Dante entlang. Die dem Landesinneren zugewandte Stadtmauer wurde im 19. Jh. abgetragen, damit die Stadt sich ungehindert ausdehnen konnte. Den Verlauf dieses Festungsabschnitts kann man anhand der Verteidigungstürme, z. B. an der **Torre di Porta Terra** ❹, noch nachvollziehen. Teilweise ist die Stadtmauer begehbar und bietet einen phantastischen Blick über die Dächer der Altstadt, die tosenden Wogen und die Gischt der Brandung. Wenn hinter dem Capo Caccia die Sonne untergeht, ist der Blick besonders schön.

Die **Piazza Civica** ❺, von Bürgerhäusern umschlossen, ist die beliebte Flaniermeile Algheros. Hier trifft man sich zum *caffè* und zum abendlichen *corso.*

Karte Seite 46

Höhepunkt der Settimana santa: die Kreuzabnahme im Dom

So mancher Baumeister hat sich schon an der **Cattedrale Santa Maria ❻** versucht, die während der Sarazenenzeit vorübergehend als Moschee dienen musste. Sie wurde Mitte des 16. Jhs. im gotisch-katalanischen Stil erbaut. Aus dieser Zeit stammen noch der achteckige Turm sowie Teile der Apsis. Die heutige Fassade sowie die neoklassizistische Vorhalle sind Zutaten des 19. Jhs. Den Kirchenraum dominieren ein gewaltiger Hochaltar aus dem 18. Jh. und die fünf Chorkapellen, die zum Teil noch gotische Gewölbe aufweisen. In der Karwoche, der *settimana santa,* wird in der Kathedrale in einer traditionsreichen Zeremonie die Kreuzabnahme zelebriert.

Die **Via Principe Umberto** ist die belebteste und beliebteste Einkaufsstraße Algheros. Das Haus Nr. 11, der **Palazzo Machin ❼**, auch Casa Doria genannt, besticht mit einer harmonischen Renaissancefassade und Fenstern im gotisch-katalanischen Stil.

Auch an der von den Franziskanern 1330 errichteten Kirche ***San Francesco ❽** mit ihren angeschlossenen Klosteranlagen im Carrer Major ist der spanische Einfluss unverkennbar, so im Innenraum mit seinen prächtig vergoldeten Altären oder am bunt gekachelten Dach des Campanile. Besonders stimmungsvoll ist der Kreuzgang aus dem 14. Jh., der im 18. Jh. aufgestockt wurde. Hier finden im Sommer klassische Freiluftkonzerte statt. Ein Teil des ehemaligen Franziskanerklosters wurde in ein Hotel umgebaut.

An der Piazza Duomo 1 ist in der ehemaligen Kirche Chiesa del Rosario, einem Bauwerk aus dem 13. Jh., das Diözesanmuseum mit seiner Sammlung sakraler Kunst in schönstem Ambiente untergebracht. (monatl. wechselnde Öffnungszeiten, Tel. 079 97 33 0 41, www. algheromuseo.it)

Infos

i **A. A. S. T.,** Piazza Portaterra 9, Tel. 0 79 97 90 54, Fax 0 79 97 48 81, www.infoalghero.it, www.regione.sardegna.it

Flughafen: Fertilia, ca. 13 km vom Zentrum.

Bahnverbindung: Sassari.

Busverbindungen: Sassari, Olbia, Porto Torres, nähere Umgebung.

Karte Seite 46

Ausflugsfahrten zur Grotta di Nettuno, Glasbodenboote. Karten gibt es am Jachthafen an der Porta a Mare.

Villa Las Tronas, Lungomare Valencia 1, Tel. 0 79 97 53 90, Fax 0 79 98 10 44, www.hotelvillalastronas.it. Im schlossähnlichen Hotel mit Park und Meerblick residierten die katalanischen Könige. ❍❍❍
▮ **Baia die Conte** Casella Postale 27, Farz. Sant. Imberia, Alghero, Tel. 0 79 94 90 00, Fax 0 79 94 90 91. Nobel und luxuriös: Das Hotel außerhalb von Alghero ist eine gute Alternative zur Villa Las Tronas. ❍❍❍
▮ **Carlos V,** Lungomare Valencia 2, Tel. 0 79 97 95 01, Fax 0 79 98 02 98, www.hotelcarlosv.it. Relativ neu; steht dem Las Tronas kaum nach: weder im Luxus noch im Preis. ❍❍❍
▮ **San Giuan,** Via G. M. Angioy, Tel. 0 79 95 10 73, Fax 0 79 95 12 22. Hinter der Via Lido, unweit der Spiaggia San Giovanni. Einfach, aber freundlicher Service. ❍
▮ **Campingplatz La Mariposa,** Via Lido 22, Tel. 0 79 95 03 60, Fax 0 79 98 44 89, www.lamariposa.it

Cecchini, Via Carlo Alberto, Tel. 0 79 97 91 16. Nobles, modernes Restaurant; das große Fischsortiment hat seinen Preis. ❍❍❍
▮ **Al Tuguri,** Via Maiorca 113, Tel. 0 79 97 67 72, www.altuguri.it, So geschl. Seit Jahren Spitzenreiter in Alghero und eines der besten Restaurants der Insel. Mediterrane Fischküchesowie Spezialitäten aus der traditionellen Hirten- und Bauernküche. ❍❍❍
▮ **Da Zia Maria,** Strada dei due Mari. Ein Agriturismo-Restaurant auf einem Bauernhof direkt bei Alghero (ausgeschildert), das deftige sardische Küche bietet. ❍

In den Sommermonaten ist in Alghero reges Nachtleben angesagt. Die Bars und Pubs finden sich im alle Herzen der Altstadt, auch eine Jazzkneipe ist dabei.

Wer im Hinblick auf Preis und Qualität auf Nummer Sicher gehen will, schaut bei **ISOLA** in der Via Predda Niedda 27, Tel. 0 79 26 26 72 (s. S. 44) nach passenden kunsthandwerklichen Mitbringseln.

Ausflüge

Römerbrücke bei Fertilia (6km)

Dreizehn Brückenbogen sind von den ursprünglich 24 Bogen der Römerbrücke noch erhalten, die einstmals über den *stagno di Calich* führte. Die Brücke ist eines der wenigen Zeugnisse aus der Römerzeit Sardiniens.

*Nuraghe Palmavera (10 km)

Man kann den gewaltigen Nuraghen nicht verfehlen, denn er liegt direkt rechter Hand der Straße von Fertilia zur Bucht Porto Conte. Die zweitürmige Wehranlage geht in ihren Anfängen bis auf das 14. Jh. v. Chr. zurück, Reste eines Nuraghendorfes sind ebenfalls zu besichtigen.

Capo Caccia (23 km)

Ein gewaltiger, fast 170 m hoher Steilhang fällt an der westlichen Seite dieser Landspitze senkrecht zum Meer ab. Über 600 in den Fels geschlagene und abgesicherte Stufen mit dem poetisch klingenden Namen *Escala di Cabiro* – »Rehleiter« – führen hinunter zur Grotta di Nettuno (s. s. 50).

Auf der »Rehleiter« geht es hinunter zur Grotta di Nettuno

Karte Seite 46

Einladung zum Dolcefarniente am weißen Sandstrand von Alghero

3 Die ****Grotta di Nettuno,** Grotte des Neptun, ist eine der schönsten Grotten Sardiniens. Ihre sich über 1200 m Länge erstreckenden Höhlen tragen so klangvolle Namen wie »Orgelraum«, »Kirchensaal« oder, aufgrund von Algenablagerungen, »Grüne Grotte«. Die bizarre Welt der Stalagmiten und Stalaktiten, Seen und Grotten ist perfekt ausgeleuchtet. Man kann die Höhle nur im Rahmen von Führungen besichtigen. Wer den langen Abstieg und den mühsamen Wiederaufstieg scheut oder das Boot dem Auto vorzieht, besucht die Grotte am besten mit einem der von Alghero abfahrenden Ausflugsboote (s. S. 48).

*Anghelu Ruju

In der fruchtbaren Schwemmlandebene der Nurra liegt 13 km nördlich von Alghero direkt neben der S 291 die Felsennekropole mit knapp 40 Höhlengräbern, den *domus de janas* aus der Zeit der Ozieri-Kultur (4.–3. Jt. v. Chr.). Die Grabbeigaben, die man hier freigelegt hat, sind im Archäologischen Nationalmuseum in Cagliari sowie im Museo Nazionale G. A. Sanna in Sassari ausgestellt. In einigen der Gräber, die meist als Mehrkammergräber mit Schachteingang angelegt wurden, sind noch verschiedene Stierkopfdarstellungen zu sehen.

Fast gegenüber der Nekropole bietet sich ein eher weltliches Vergnügen: Die Großkellerei **Sella & Mosca** ist eine der führenden Weinkellereien Sardiniens. Hier sollten Sie sich eine kleine Pause gönnen und den köstlichen roten Anghelu Ruju Riserva, einen Torbato di Alghero oder ein Gläschen frischen Weißwein probieren. Die Kellerei besitzt ein eigenes Museum (Mai–Okt. tgl. 17.30 Uhr Führungen, www.sellaemosca.com).

Strände und Porto Conte

Zwischen Alghero und Fertilia erstrecken sich auf ca. 5 km Länge verführerische weiße Sandstrände. Von der Surfschule bis zum Beach-Volleyball findet man alles, was zum sportlichen Sommervergnügen gehört. Die anschließende fast kreisrunde Bucht Porto Conte wird gesäumt von einer *pineta* (Pinienhain) und bietet einige schöne Strandhotels.

*Nuoro

Karte Seite 53

Die Stadt Grazia Deleddas

Nuoro (36 000 Einw.) gibt sich auf den ersten Blick als eine moderne Provinzstadt. Die Schnellstraße führt am Zentrum vorbei, Hochhäuser, kleinere Industriebetriebe und Gewerbezonen prägen das äußere Erscheinungsbild, das wenig zu tun hat mit dem bäuerlichen Nuoro, wie es noch in den 1920er Jahren in den Büchern der Nobelpreisträgerin Grazia Deledda (1871–1936) beschrieben wird. Man sollte das beschauliche Städtchen nicht links liegen lassen. Das Geburtshaus von Grazia Deledda, das Volkskundemuseum, ein Bummel auf dem Corso Garibaldi oder ein Ausflug zum Monte Ortobene gehören in Nuoro zum Besichtigungsprogramm.

Modern und doch typisch sardisch: Nuoros Stadtbild

Geschichte

Die erste urkundliche Erwähnung einer Ansiedlung auf dem heutigen Stadtgebiet geht auf das 12. Jh. zurück. Aus dem unbedeutenden dörflichen Alltag wuchs sie jedoch erst im 18. Jh. heraus, als der Bischofssitz von Ottana hierher verlegt wurde. Die nominelle Erhebung zur Stadt erfolgte schließlich im 19. Jh. Nuoro ist heute zwar flächenmäßig eine weit ausufernde Stadt, von seinem Charakter her aber doch eher als Kleinstadt zu bezeichnen.

Die Hauptstadt der gleichnamigen Provinz galt als das Herz der Barbagia, als wild und gefährlich, und nur hartgesottene Sardinienfreaks fanden an dem finsteren Ambiente und der Verschlossenheit seiner Bewohner Gefallen. Die raue, oftmals unwirtliche Landschaft hat die Bewohner ebenso geprägt wie die Erfahrung, die unbeachteste Provinz der an sich schon von Italien vergessenen Insel zu sein. Einnahmen durch Industrie und Tourismus blieben Nuoro sehr viel länger versagt als anderen Inselregionen, gleichzeitig wurden die spezifischen Interessen der Hirten und Bauern dieser Gegend von der ungeliebten italienischen Zentralregierung über Jahrzehnte mehr oder weniger ignoriert.

Soldaten, Carabinieri oder Richter sorgten in Nuoro im Sinne Roms für Ruhe und Ordnung, wurden aber nicht selten selbst Zielscheibe des Unmuts und Zorns der Einheimischen. Und so hatten sich die italienischen Behördenvertreter in den Amtsstuben der Stadt oftmals mit Entführungen, Raub, Blutrache und anderen Straftaten zu befassen. Inzwischen hat sich, wie auch in den anderen »Banditennestern« der Barbagia, die soziale Situation entschärft.

Stadtrundgang

Die leicht ansteigende Flaniermeile Corso Garibaldi führt von der Kirche **Santa Maria delle Grazie** ❶ zur Piazza S. Giovanni und ins Herz der verwinkelten Altstadt, die dringend einer

Karte Seite 53

Sardisches Brauchtum präsentiert das Volkskundemuseum

Sanierung bedarf. Unterwegs schlendert man an unzähligen Bars, Cafés und kleinen Geschäften vorbei, und kurz vor der Piazza biegt eine Straße rechts ab zur Piazza Vittorio Emanuele, wo die Busse in die nähere Umgebung abfahren.

Von hier und von der Piazza S. Giovanni führen Straßen weiter hinauf zur **Cattedrale Santa Maria della Neve ❷**. Im 19. Jh. im neoklassizistischen Stil erbaut, bietet die Hauptkirche Nuoros zwar nichts Sehenswertes, doch ist der Blick von der Terrasse auf die Kalkfelsen des Monte Albo, weit über Nuoro hinaus, wunderschön.

Rechts neben der Kathedrale führt der Viale S. Onofrio zum ****Museo della Vita e delle Tradizioni Popolari Sarde ❸**. Das Museum ist in einer umgebauten Wallfahrtskirche untergebracht und zeigt die umfangreichste Sammlung volkskundlicher Exponate Sardiniens. In 15 Räumen sind Trachten aus nahezu allen Teilen der Insel ausgestellt, deren Vielfalt und Kunstfertigkeit die ganze Bandbreite sardischer Volkskunst widerspiegeln.

Grazia Deledda – die sardische Nobelpreisträgerin

Grazia Deledda wurde am 21. September 1871 in Nuoro geboren. Obwohl sie nach ihrer Heirat im Jahre 1900 nach Rom übersiedelte, spielen doch fast alle ihrer 33 Romane auf Sardinien. 1926 wurde ihr für den Roman »Canne al Vento«, »Schilf im Wind«, der Nobelpreis für Literatur verliehen – als bisher einziger Italienerin. In ihrer Heimat wurde Grazia Deledda zunächst angefeindet, da sie die überkommenen, fest verankerten sozialen Strukturen ihres Landes und das rückwärts gewandte Denken unverblümt anprangerte, die unerbittlichen Gesetze der Rache und Blutrache, das Verständnis von männlicher Ehre und nicht zuletzt die Rolle der unterwürfigen, unterdrückten und ins Haus verbannten Frau. In ihren Romanen gibt es immer wieder Menschen, oft Frauen wie Marianna Sirca, die versuchen, aus diesem starren Gefüge auszubrechen, eigene, selbstbestimmte Wege zu gehen. Oft scheitern sie an den engen Grenzen, die ihre Umgebung ihnen setzt. Auch die Ränkespiele um politische Macht, gesellschaftlichen Einfluss und ökonomische Interessen werden von Grazia Deledda offen gelegt, und so manch einer der angesehenen Bürger Nuoros fand sich in ihren Werken wenig positiv geschildert wieder. Grazia Deledda starb am 15. August 1936 in Rom.

Im Buchhandel sind ihre Romane »Schilf im Wind«, »Marianna Sirca«, »Die Maske des Priesters«, »Zia Maria« und »La Madre« auf Deutsch lieferbar.

Karte Seite 53

Handwerk und Kunsthandwerk sind dokumentiert, Gerätschaften des bäuerlichen Lebens und des Hirtenalltags, Schmuck und Zierrat sowie sardische Musikinstrumente, darunter die typische *launedda*, ein aus drei Flöten bestehendes Blasinstrument. Ein weiterer interessanter Schwerpunkt des Museums ist das Brotsortiment: vom *pane carasau*, dem hauchdünnen »Notenblatt«, wie es die Hirten nennen, bis zu dem aus Eicheln gebackenen Brot in den unterschiedlichsten Variationen und Herstellungsarten (1. Okt.–14. Juni 9–13, 15–19, 15. Juni bis 30. Sept. 9–20 Uhr).

Die Via Antonio Mereu führt nun direkt zum **Museo Civico Speleo Archeologico ❹**. Hier sollte man in Ruhe die Vielfalt und Schönheit der ausgestellten Exponate genießen, die aufschlussreiche Höhlenfunde sowie eine archäologische Abteilung mit Bronzefiguren, Pfeilspitzen, Menhiren und dem vollständigen Skelett einer Frau aus der Bronzezeit umfassen (Di–Sa 9–13 Uhr, Tel. 0 78 43 37 93).

Über den Busbahnhof Piazza Vittorio Emanuele kommt man zur **Piazza S. Satta ❺**. Sie ist dem bedeutenden sardischen Poeten Sebastiano Satta (1867–1914), gewidmet, der in seinen Gedichten »Canti Barbaricini« (»Gesänge aus der Barbagia«) und »Canti del salto e della tanca« (»Gesänge vom Sprung und vom Tank«) vor allem die Landschaft der Barbagia und das Leben in ihr beschrieb.

Nur ein kurzes Stück Weges, durch die Via Angioy und die Via Grazia Deledda, ist es von hier zum ***Museo Deleddiano ❻**, dem Geburtshaus Grazia Deleddas. Das zum Museum umgebaute Gebäude mit seinem schönen Innenhof zeigt nicht nur Originalma-

❶ Santa Maria delle Grazie
❷ Cattedrale Santa Maria della Neve
❸ Museo della Vita e delle Tradizioni Popolari Sarde
❹ Museo Civico Speleo Archeologico
❺ Piazza S. Satta
❻ Museo Deleddiano
❼ Nostra Signora della Solitudine

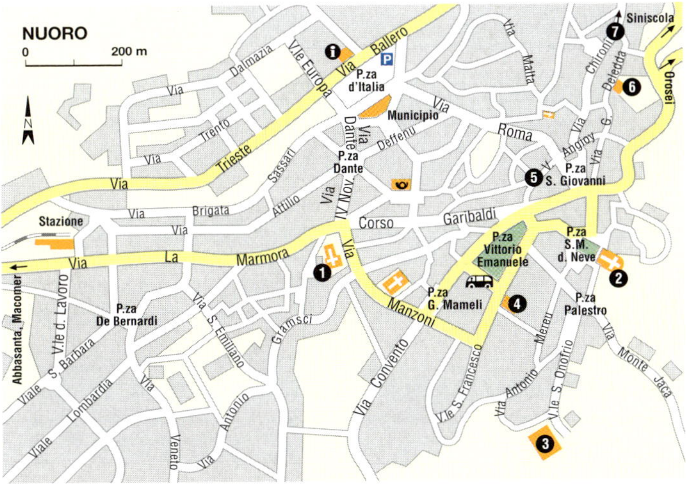

Karte Seite 53

nuskripte der Autorin, Fotos, Dokumente und Briefe, sondern auch das vollständig erhaltene Mobiliar der Familie Deledda. Es gewährt einen tiefen Einblick in die bürgerlichen Lebensverhältnisse einer Nuoreser Familie zum Ende des 19. Jhs. (Di–Sa 9–13, 15–19 Uhr, Tel. 0 78 43 45 71).

Infos

EPT, Piazza Italia 19, I-08100 Nuoro, Tel. 0 78 43 00 83, Fax 0 78 43 34 32, www.enteturismo.nuoro.it

Bahnverbindungen: Macomer und Anschlüsse nach Cagliari, Sassari, Olbia.
Busverbindungen: Sassari, Olbia, Cagliari, nähere Umgebung.

Grazia Deledda, Via La Marmora, Tel. 0 78 43 12 57, Fax 0 78 43 40 17. Nobelhotel nahe dem Bahnhof; mitten in der Stadt. ❍❍❍

- **Sandalia,** Via Einaudi, Tel. und Fax 07 84 33 83 53. Etwas außerhalb von Nuoro liegt erhöht das ruhige, moderne Hotel, dessen Zimmer teilweise einen schönen Blick über die Dächer der Altstadt bieten. ❍❍
- **Fratelle Sacchi,** Monte Ortobene, Tel. 0 78 43 12 00, Fax 0 78 43 40 30. Mittelklassehotel am Monte Ortobene; mit Feinschmeckerlokal (s. Tipp rechts). ❍❍
- **Portico,** Via Monsignor Bua, Tel. 0 78 43 75 35. Einfaches, sauberes Hotel nahe dem Busbahnhof, das teilweise noch mit alten Möbeln ausgestattet ist. ❍
- **Mini Hotel,** Via Brofferio 13, Tel. 0 78 43 31 59. Mitten in der Altstadt gelegene, einfache, familiär geführte Pension mit viel sardischer Atmosphäre. ❍

Canne al Vento, Viale della Repubblica 66. Die *numero uno* unter Nuoros Restaurants mit typisch sardischer Küche und urigem Ambiente. ❍❍

ISOLA, Via Monsignor Bua 10. Große Auswahl an sardischer Volkskunst und Souvenirs.

Ausflüge

Nostra Signora della Solitudine ❼

Wo die Straße zum Monte Ortobene beginnt, liegt an einem ruhigen und schönen Platz die 1950 anstelle eines Vorgängerbaus aus dem 17. Jh. errichtete Kapelle. Sie hütet seit 1959 den Sarkophag Grazia Deleddas, die diesem lauschigen Plätzchen sogar einen Romantitel widmete: »La chiesa della Solitudine« .

Genießen mit Ausblick: Wohl nirgendwo kann man bei einem so prachtvollen Rundumblick speisen wie im Feinschmeckerlokal **Fratelle Sacchi,** gelegen am Monte Ortobene, Tel. 07 43 12 00; ❍❍❍.

4 *Monte Ortobene (4 km)

Eine Panoramastraße führt von Nuoro aus zum Gipfel des 995 m hohen Monte Ortobene. Hier bietet sich dem Besucher eine stille und beschauliche Welt mit Wäldern aus Stein- und Korkeichen, Tannen, kleinen Bächen, Picknicktischen und natürlich einem Ausflugslokal. Der »Cuccuru Nieddu« (Kuckucksnest) genannte Gipfel des Monte Ortobene wird bekrönt von der 7 m hohen Erlöserstatue, die alljährlich am 29. August das Ziel einer großartigen Prozession und Wallfahrt der Einheimischen ist.

1 Karte Seite 81

Tour 1

Perlen am Wegesrand

Cagliari → **Su Nuraxi → Paulilatino → Macomer → **Bosa → *Ozieri → **Sassari → Perfugas → Olbia (455 km)

Wer mit Muße das Landesinnere erkunden will, sollte mindestens drei Tage für die Fahrt einplanen. Die SS 131 »Carlo Felice« ist nicht nur die schnellste Nord-Süd-Verbindung Sardiniens, sondern auch für die Besucher wichtig, die sich einige der herausragenden Sehenswürdigkeiten der Insel nicht entgehen lassen wollen. Vorwiegend auf den Spuren der Ozieri-Kultur und der Nuragher durchquert man das Binnenland, kommt aber dabei nicht nur zu den bedeutendsten Feenhäusern, Gigantengräbern, Wehrbauten und Nuraghen, sondern auch zu den kleinen romanischen Landkirchen und mit einem Seitenabstecher zu der pittoresken mittelalterlichen Hafenstadt Bosa.

Von der fruchtbaren Campidano-Ebene führt die Straße zunächst hinauf in die weitläufigen Weidesenken des nördlichen Sardinien und durch die dichten Korkeichenwälder der Gallura nach Olbia. Eine Übernachtung in Bosa oder Sassari ist mehr als empfehlenswert. Ab Sassari verlässt man die Schnellstraße und fährt auf der kurvenreichen SS 127 durch die Korkeichenlandschaft der Anglona und der Gallura. Ziel der großen Inseldurchquerung ist die Hafenstadt Olbia.

Castello Las Plassas

Der Campidano

Man verlässt **Cagliari** ❶ (s. S. 31) auf der SS 131, die durch die hügelige und fruchtbare Landschaft des Campidano führt, im Osten begrenzt durch die hohen Berge des Gerrei und der Trexenta, im Westen durch die Höhenzüge des Iglesiente. Auch wenn die Straße streckenweise eher einer Autobahn gleicht, säumen immer wieder Gemüsestände, Käse- und Obstverkäufer den Straßenrand.

Der Campidano ist eines der wichtigsten landwirtschaftlichen Anbaugebiete Sardiniens, wo so gut wie alles wächst und gedeiht, was Sardiniens Küche bereichert. Besonders reizvoll ist diese Gegend im späten Frühjahr, wenn die weiten Obst- und Olivenhaine sich in ein wahres Farbenmeer blühender Blumen und Disteln verwandeln.

Für den ersten Stopp sollte man die Ausfahrt nach Barumini wählen. Zu dem 20 km entfernten Dorf kommt man an dem auf einem Schotterkegel thronenden **Castello Las Plassas** vor-

1
Karte Seite 81

Die Giara di Gesturi ist die Heimat der sardischen Wildpferde

bei, einer ehemaligen Festung des Judikats Arborea an der Grenze zum benachbarten Judikat Cagliari.

Abstecher nach Su Nuraxi ❷

***Su Nuraxi

Eine der eindrucksvollsten und am besten erhaltenen Nuraghensiedlungen der Insel (62 km) vermittelt einen hervorragenden Einblick in die Siedlungsstruktur und den Alltag der Nuragher und ist – UNESCO-Weltkulturerbe. Der älteste Kern der Siedlung, die mächtige Verteidigungsanlage, geht auf das 2. Jt. v. Chr. zurück. Sie diente als Schutz und Fliehburg für die umliegende Bevölkerung, war der Sitz des Fürsten sowie ein Zentrum gesellschaftlicher und kultischer Aktivitäten.

Im 6. Jh. v. Chr. wurde sie von den Puniern zerstört und erst in den 1950er Jahren von einem Archäologenteam freigelegt. Kernstück der Nuraghenburg ist der **Mittelturm** (um 1500 v. Chr.), von dem aus man durch Gänge und Treppen die später angebauten vier Ecktürme erreichen konnte. Im östlichen Verteidigungsturm sorgte ein Brunnen für eine gesicherte Wasserversorgung. Die umliegenden Wohnhäuser entstanden ab dem 1. Jh. v. Chr., und man kann hier Bänke, Tröge und eine Ölmühle erkennen.

Barumini

Einen sehr guten Eindruck vermittelt auch die im **Kulturzentrum Convento Cappuccini** des nahen Barumini gezeigte Multimediashow, die über das Leben und die Kultur der Nuragher informiert (Ende Juni–Ende Sept. tgl. 9.30–13, 15–19 Uhr).

Giara di Gesturi ❸

Etwa 5 km nördlich von Barumini erstreckt sich die Giara di Gesturi. Das rund 12 km lange Hochplateau ist die Heimat der sardischen Wildpferde. Man erreicht es über eine Zufahrtsstraße, die an einem Parkplatz endet. Weiter geht es zu Fuß, mit dem Mountainbike oder hoch zu Ross. Um die Flora und Fauna der mit Korkeichen bestandenen Hochebene zu schützen, wurde der Besucherverkehr begrenzt. Die wenigen und sehr scheuen Wildpferde sind mit etwas Glück und viel Geduld zu beobachten, wenn sie zu ihren Tränken kommen.

1 Karte Seite 81

*Sanluri ❹

Zurück auf der SS 131 bietet sich in Sanluri der nächste Halt an. Der lebhafte Ort hat zwei interessante Museen. Das **Museo Etnografico dei Frati Cappuccini** im Konvent der Kapuziner dokumentiert die mehr als 400-jährige Geschichte des Ordens auf Sardinien (www.museocappuccini.it, tgl. 8.30 bis 12, 15.30–19 Uhr,). Vor dem viereckigen zinnenbewehrten **Castello di Sanluri** (14. Jh.) deuten kriegerischen Exponate, z. B. ein Flakwerfer, Sinn und Zweck des Museums an: Waffen sowie militärisches Gerät des 19. und 20. Jhs. sind zu sehen (Juli–Sept. Di, Mi, Fr 16.30–20 Uhr).

Vorbei am Kurort **Sardara,** der in den Sommermonaten einen geregelten Kurbetrieb bietet, folgt man der SS 131 nun ein großes Stück weiter nordwärts, lässt den Campidano hinter sich und Oristano (s. S. 98) buchstäblich links liegen.

Bei **Villanovaforru** lockt das Centro di Turismo Culturale »Sa Corona Arrùbia« auf der Piazza Regina Elena-Lunamatrona mit wechselnden Ausstellungen (Saurierfunde aus der Wüste Gobi, Leonardo da Vinci ...). Mehrere Regionalmuseen der Umgabung haben sich zu einem Consortio zusammengeschlossen und bieten ein Kombiticket an. Hauptattraktion ist jedoch ein Sessellift, der Besucher bequem auf die Hochebene von Siddi bringt, von der aus sich ein weiter Blick über die Marmilla bietet.

6 **Brunnenheiligtum Santa Cristina ❺

In **Paulilatino** wurde 1996 ein ethnologisches Museum eingerichtet, das mit seinen Exponaten vor allem das Leben der Bauern und Hirten der Region dokumentiert (9.30–13, 15 bis 19 Uhr).

Ein großes Schild weist in der Nähe auf das **Brunnenheiligtum Santa Cristina** (155 km) hin. Im Schatten eines Olivenhaines führt eine exakt gemauerte Sandsteintreppe vom dreieckigen Einlass hinunter in das Brunnenheiligtum, ein unterirdisches Kuppelgewölbe mit einem eingefassten Wasserbecken. Diese bestens erhaltene sakrale Stätte aus nuraghischer Zeit ist vermutlich im 2. Jt. bis 7. Jh. v. Chr. entstanden.

Im weiteren Umfeld des *pozzo sacro,* des heiligen Brunnens, kann man noch die Reste eines Nuraghendorfes, darunter ein Langhaus, erkennen. Bis in die heutige Zeit leben die alten Riten fort, denn das nuraghische Heiligtum Santa Cristina wird noch als Fest- und Kirchweihplatz von der sardischen Bevölkerung genutzt.

Das nuraghische Brunnenheiligtum Santa Cristina

*Nuraghe Losa ❻

An der Abfahrt der SS 537, die von Abbasanta über Nuoro nach Olbia führt, liegt 17 km westlich der SS 131 der Nuraghe Losa, ein beeindruckendes Beispiel der megalithischen Nuraghenkultur. Der 13 m hohe, mächtige Hauptturm der dreieckigen Verteidi-

1
Karte Seite 81

Wohnhütten umgaben einst den Nuraghen Losa

gungsanlage war von einem weit gefassten Mauerring (11. Jh. v. Chr.) umgeben, der später mit drei kleineren Verteidigungstürmen befestigt wurde. Erst im 6. Jh. entstand der dritte, wohl wegen der herannahenden Karthager weniger sorgfältig ausgeführte Mauerring. Vor der Hauptbastion sind die Reste eines Versammlungsraums und einiger Hütten zu sehen. Optisch überaus reizvoll sind die mit Moos und Efeu bewachsenen Mauerblöcke des Hauptturms.

Macomer ❼

Die spektakuläre Lage des Ortes am Übergang der Hochebene der Campeda und der 200 m tiefer liegenden Ebene von Abbasanta lohnt einen Zwischenstopp. Macomer (189 km) ist ein wichtiger Verkehrsknotenpunkt für die innersardischen Bus- und Bahnverbindungen, seine strategisch wichtige Lage belegen die zahlreichen Nuraghen in der näheren Umgebung des Ortes.

*Nuraghe Santa Barbara

An der SS 131 liegt der ca. 15 m hohe Nuraghe Santa Barbara, dessen Hauptturm zwei übereinander liegende, gut erhaltene Kragkuppeln aufweist. Ab dem 9. Jh. v. Chr. verlassen, diente er in punisch-römischer Zeit als Heiligtum.

*Nuraghe Santa Sabina

10 km östlich von Macomer erreicht man auf der Straße nach Silanus eines der berühmtesten Postkartenmotive Sardiniens, den ***Nuraghen Santa Sabina,** unmittelbar daneben das frühromanische Landkirchlein Santa Sabina. Ähnlich wie auch in Santa Cristina besticht hier das harmonische Nebeneinander der beiden so unterschiedlichen Bauwerke.

Motel Agip, Corso Umberto, Macomer, Tel. 0 78 57 10 66, www.hotelkey.com. Kein Traumhotel, aber das komfortabelste im Ort. ❍❍

Nuraghe, Via Ariosto, Tel. 0 78 57 01 39. Einfaches Stadthotel, versteckt in einer Seitengasse. Alle Zimmer mit Bad. ❍❍

**Ausflug nach Bosa ❽

In Macomer verlässt man die »Carlo Felice«. Wenige Kilometer vor dem Ort windet sich die Landstraße in steilen Serpentinen von der Hochebene Altopiano hinunter auf Meereshöhe und erreicht Bosa (216 km), die einzige Stadt Sardiniens mit einem Flusshafen. Die mächtige Burg Serravalle der Familie Malaspina, die palmenbestandene Uferpromenade, die Fischerboote am Kai, die großen Körbe der Reusenflechter – all dies erzeugt ein äußerst malerisches Stadtbild.

Abseits von Schnellstraßen, Flug- oder Fährhäfen wird die Ruhe Bosas nur im August durch die nach **Bosa Marina** einfallenden Badetouristen gestört. Sonst ist das mittelalterliche Städtchen, das im 15. Jh. aus zwei nebeneinander liegenden Orten ent-

1 Karte Seite 81

stand, ein wunderbarer Flecken, dem man mit einem Glas *Malvasia di Bosa* Tribut zollen sollte. Das bürgerliche Stadtbild Bosas ist geprägt vom abblätternden Glanz der Paläste und Bürgerhäuser aus dem 18. und 19. Jh., als Bosa Provinzhauptstadt war. Über der Stadt thront die genuesische Festung der Familie Malaspina aus dem 12. Jh. Ihre Mauern umringen die Kirche **Nostra Signora die Regnos Altos** aus dem 14. Jh. mit ihren auf der Insel einmaligen mittelalterlichen Fresken.

Ein Bummel führt über den palmenbestandenen **Lungotemo** und den von Bürgerhäusern und Palazzi gesäumten **Corso Vittorio Emanuele.** Über die dreibogige Temo-Brücke gelangt man an das südliche Temo-Ufer zu den ehemaligenen **Gerbereien,** die heute als Lagerhallen dienen.

*San Pietro Extramuros

2 km außerhalb flussaufwärts steht, umgeben von schattigen Olivenhainen, die romanische Landkirche San Pietro Extramuros, einer der ältesten Sakralbauten Sardiniens (11. Jh.), leider in einem eher bedauernswerten Zustand. Das Portal wird von einem stark verwitterten Sandsteinrelief bekrönt. Neben dem Kirchenschiff ragt der viereckige, dachlose Sandsteinturm empor. Das Innere ist uninteressant, vielleicht auch deswegen meist verschlossen, doch allein die idyllische Lage rechtfertigt einen Besuch.

Kunst und Handwerk haben in Bosa Tradition. Neben den Reusenflechtern am Lungotemo, denen man am Lungotemo zusehen kann, ist Bosa auch für seine **Spitzenarbeiten** bekannt. Kunstvolle Spitzendeckchen und -tücher findet man in den Souvenirgeschäften oder man erkundigt sich bei einer der Frauen, die vor ihren Haustüren sticken.

Wild und einsam: die Steilküste zwischen Bosa und Alghero

Pro Loco, Corso Vittorio Emanuele 59, Tel. 07 85 37 61 07, www.bosa.it

Perry Clan, Viale Alghero, Tel. 07 85 37 30 74, Fax 07 85 37 52 63. Einfacheres Stadthotel direkt in Bosa. ○○

Al Gabbiano, Viale Mediterraneo, Tel./Fax 07 85 37 41 23, www.bosa.it/gabbianohotel. In diesem Ferienhotel logieren hauptsächlich Badetouristen (nur Juli bis September geöffnet). ○○

Da Lando, Via Colombo. Die Trattoria ist für ihre typische Regionalküche berühmt; man sollte *spaghetti bottarga* probieren. ○○○

Wer genug vom Landesinneren hat, kann auf der **Panoramastraße** von Bosa nach Alghero hoch über dem tiefblauen Meer phantastische Ausblicke genießen. Sportler fahren die 37 km mit dem Rad.

**Felsennekropole Sant'Andrea Priu ❾

Über Macomer zurück auf die SS 131 und weiter in Richtung Norden, kommt man knapp 10 km östlich der Ausfahrt Bonnorva zu der Felsenne-

1
Karte Seite 81

Nuraghe Sant'Antine

kropole Sant'Andrea Priu. Die aus 20 *domus de janas* bestehende Anlage liegt in der Nähe der Landkirche Santa Lucia in einem Felsabbruch aus rotem Trachyt. Es sind die größten Gräber dieser Art auf Sardinien. Das so genannte Häuptlingsgrab umfasst eine Fläche von 250 m²; auf Malereien im Inneren findet man christliche Motive.

**Nuraghe Sant'Antine ⑩

Der Nuraghe wird wegen seiner stattlichen Ausmaße auch als »Königsnuraghe« – *Sa Domu su Rei* – bezeichnet. Der älteste Bauabschnitt, der befestigte Mittelturm aus dem 1. Jh. v. Chr., wird von einer Dreiecksmauer umgeben, die an ihren Ecken mit Verteidigungstürmen befestigt ist. Alle Wehrtürme sind durch Mauergänge verbunden. Wie auch in Su Nuraxi sicherte ein Brunnen bei Belagerungen die Wasserzufuhr. Verteidigungsvorrichtungen wie die Schießscharten sind gut zu erkennen. Vom ehemals dreistöckigen Mittelturm sind nur zwei Stockwerke erhalten. Eine Treppe führt im Turm zum oberen Stockwerk. Von der Aussichtsplattform genießt man ein umfassendes Panorama über die Valle dei Nuraghi. Der Nuraghe wurde bis in römische Zeit als Wehrburg genutzt.

**San Pietro di Sorres

Ein Abstecher von **Torralba** führt zu einem weiteren kunsthistorischen Kleinod, der reizvoll auf einem Hügel gelegenen pisanischen Kirche San Pietro di Sorres (11./12. Jh.). Aufgrund ihrer wunderschön gestalteten Fassade sowie ihres Kreuzgratgewölbes im Innern ragt sie aus den Landkirchen Sardiniens heraus. Der untere, älteste Teil des Bauwerks, ganz aus hellem Sandstein, wird an der Portalseite durch fünf Blendarkaden gegliedert. In der zweiten, darüber liegenden siebenbogigen Fassadenreihe wird der pisanische Einfluss deutlich. Die Baumeister aus Pisa hatten im 13. Jh. die Kirche im traditionellen zweifarbigen Zebramuster aus dunklem Basalt und hellem Sandstein aufgestockt.

Auch im Inneren überwiegen die pisanischen Einflüsse wie etwa bei der Apsis und den das Kreuzgratgewölbe tragenden Säulen, die wieder das typische Streifenmuster zeigen. Hinter der Kirche liegen die Klostergebäude der Benediktinermönche.

*Ozieri ⑪

Kurz hinter Torralba verlässt man ein weiteres Mal die SS 131 und nimmt die Richtung nach Ozieri, 282 km. Der Ort mutet so ganz und gar nicht sardisch an, die klassizistischen Palazzi und Loggien erinnern eher an ein Bergstädtchen des Festlandes. Die frühgeschichtliche Ozieri-Kultur (4. bis 3. Jh. v. Chr.) wurde nach der Stadt benannt, weil in der **Grotta di San Michele,** einer Kalksteinhöhle, erstmals

1 Karte Seite 81

bedeutende Zeugnisse dieser frühen Zeit, vor allem Werkzeuge, gefunden wurden.

Der »Meister von Ozieri« ist ein unbekannter Maler des 16. Jhs. Sein Tafelbild in der Kathedrale von Ozieri gehört aufgrund seiner meisterhaften Gestaltung von Lichteffekten durch hellere und dunklere Farbgebung zu den herausragenden Werken der sardischen sakralen Malerei dieser Zeit.

Und zuletzt sind die *sospiri di Ozieri*, die Seufzer von Ozieri, ein auf der ganzen Insel beliebtes Mandelgebäck.

Wer ein Hirtenmesser *(sa resolza)* erstehen möchte, kann dies im 17 km entfernten **Patada,** dem Zentrum der Messerschmiede, tun. Auch der Name Ozieri bürgt für gute Qualität. Besuchen Sie Raimondo Sistigu (Via DucaD'Agosta 29). Er fertigt Spitzenmodelle der Hirtenmesser an, die natürlich auch ihren Preis haben.

Ein eigenes **Messermuseum** git es in Arbus nahe Guspini (www.museodelcoltello.it).

Für die Weiterfahrt nach Sassari sollte man den Weg über Land wählen, der den Besuch von gleich drei besonders schönen pisanischen Landkirchen ermöglicht. Sie wurden der Bevölkerung von den fremden Lehnsherren des Festlands quasi als Ausgleich für die geplünderten und abtransportierten Reichtümer der Insel – Erze, Vieh, Käse, Felle u. a. – gestiftet.

*Sant'Antioco di Bisarcio

Die Kirche, ein dreischiffiger Bau aus rotem Trachytin in idyllisch einsamer Lage, wurde 1150 auf einem älteren romanischen Vorgängerbau errichtet und war bis 1503 die Kathedrale der Diözese Bisarcio. Die ziemlich verfallene Kirche weist eine Reihe schöner Details auf, darunter die dreibogige Vorhalle und die verzierten, auf Monolithen ruhenden Säulenkapitelle. Die Blendarkaden sind mit den typischen Blüten- und Blattmotiven der burgundischen Bogenfriese verziert, die sich auch an den Säulenkapitellen wiederholen. Die burgundischen Einflüsse gehen auf die Zisterzienser zurück, die ab 1150 nach Sardinien kamen. Wer gegen Abend vorbeikommt, sollte wegen der phantastischen Aussicht einen Sonnenuntergang genießen.

*Santa Maria del Regno

Die Basilika liegt nur 7 km westlich von Sant'Antioco und wird aufgrund des dunklen Trachytmauerwerks auch »Schwarzer Dom von Ardara« genannt. 1170 von nur einem Baumeister errichtet, was für damalige Zeiten absolut ungewöhnlich war, war sie die Stammkirche der Richter von Torres und heißt deshalb auch »del Regno«. Die in ihrer Architektur wie in der Ausstattung sehr harmonische und strenge Kirche kann auf ihr berühmtes ***Retablo Santa Maria del Regno** (1515) von Giovanni Muru stolz sein. Dieses Tafelbild besticht vor allem durch seine gelungene Verbindung der Techniken katalanischer und italienischer Malkunst sowie seine detailreiche Ausführung der Bilder, die verschiedene Szenen aus dem Leben Jesu zeigen.

**Santissima Trinità di Saccargia ⓬

Das schwarzweiß gestreifte romanische Gotteshaus liegt an einem landschaftlich ausnehmend schönen Ort. Es war bis zum 15. Jh. die Klosterkir-

1
Karte Seite 81

Furchteinflößende Kreaturen an den Pfeilern bewachen ...

... die Santissima Trinità di Saccargia

che einer Camaldulenserabtei, von der rechts neben der Kirche noch Mauerreste zu sehen sind. Im 12. Jh. errichtet, gilt sie als ein sardisches Juwel romanisch-pisanischer Baukunst, die ihren Niederschlag findet in der harmonisch durch Blendarkaden gegliederten Fassade, dem 40 m hohen Campanile und den mit Tierköpfen und Pflanzenmotiven meisterhaft gestalteten Säulenkapitellen der Vorhalle. Über der Säulenhalle erkennt man wieder die zweistöckigen Blendarkaden, in deren Rundbögen bunte Fenster für ein farbenprächtiges Lichtspiel im Kircheninneren sorgen.

Im Kirchenraum zieht das große Fresko in der Apsis sofort die Blicke auf sich. Vermutlich von einem pisanischen Maler im 12. Jh. geschaffen, ist es das einzige romanische Fresko Sardiniens sowie eines der wenigen ganz Italiens. In drei große Abschnitte gegliedert, zeigt es im obersten Teil Christus mit Engeln und Erzengeln, darunter die zwölf Apostel mit der Heiligen Jungfrau sowie im untersten Abschnitt Szenen aus dem Leben Jesu.

Kurz hinter Saccargia mündet die Straße nun wieder in die SS 131, auf der man schon bald Sassari (336 km; s. S. 40) erreicht.

Für Motorradfahrer ist die SS 127 von Sassari über Osilo durch die Anglona nach Perfugas sicherlich ein Traum, denn sie ist an Kurven kaum zu überbieten.

Perfugas ⓭

Nach 65 km kurvenreicher, aber landschaftlich reizvoller Fahrt sollte man in Perfugas (386 km) eine Pause einlegen. Wenn sich Reisende in diesen Ort verirren, haben sie vor, den nördlich gelegenen nuraghischen Brunnentempel von **Predio Canopoli** zu besichtigen, mit dessen Freilegung erst 1975 begonnen wurde. Ähnlich wie in Santa Cristina (s. S. 57) führt eine exakt gearbeitete Steintreppe von der Erdoberfläche zum eigentlichen Brunnenheiligtum hinunter. Die gesamte Anlage gleicht von oben einem überdimensional großen Schlüsselloch.

In der Nähe von Perfugas, im Schwemmgebiet des Riu Altana, fand man altsteinzeitliche Werkzeuge, die vermutlich aus der Zeit zwischen 120 000 und 180 000 v. Chr. stammen. Zuvor war man davon ausgegangen,

Kork ist ein hoch geschätztes Naturprodukt

dass Sardinien etwa ab 6000 v. Chr. besiedelt war. Ein Teil der Funde ist im Museo Archeologico von **Perfugas** ausgestellt (Di–So 9–13, 15–19 Uhr).

Wer in heißen Schwefelquellen körperliche Entspannung suchen möchte, sollte den ca. 8 km langen Abstecher von Perfugas zu den **Terme di Casteldoria** einplanen. Am Fluss Choghinas, der sich hier zum Lago di Casteldoria öffnet, tritt nahe dem Dorf **Viddalba** eine heiße Thermalquelle an die Oberfläche. Das Wasser der schon in der Antike bekannten und geschätzten Heilquelle wird dem durch das lange Fahren auf kurvenreicher Strecke verspannten Rücken sicherlich gut tun.

1 Karte Seite 81

*Tempio Pausania ⓮

Umgeben von dichten Korkeichenwäldern genießt die Hauptstadt der Gallura (410 km), 570 m hoch gelegen, die Vorzüge eines milden, selbst im Hochsommer erfrischenden Klimas. Wegen seiner schönen Altstadt und der reizvollen Umgebung hat sich Tempio auch zur beliebten Sommerfrische entwickelt. Vom Ortskern führen Wanderwege auf den benachbarten Monte Limbara oder durch die Valle Aggius zur Mineralquelle Fonte Rinaggu, einem beliebten Ausflugsziel in der näheren Umgebung.

Tempio Pausania besticht durch seinen beschaulichen Charme und seine verwinkelte Altstadt. Die gepflasterten Gässchen im Zentrum, die kleinen Plätze mit den umliegenden, meist nur zweistöckigen, freund-

Kork nicht nur für Flaschen

Tempio Pausania ist wegen der vielen Korkeichen in der Umgebung auch Zentrum der sardischen Korkindustrie. Kork ist ein zeitaufwändig hergestelltes Naturprodukt. Rund zehn Jahre benötigt eine Korkeiche nach der Schälung, bis ein neuer verwertbarer Korkmantel den dunkelroten Stamm umgibt. Verwendung als Weinkorken findet nur hochwertige Korkrinde, die dementsprechend teuer ist. Als hochwertiges Naturprodukt wird Kork in vielen Bereichen – von der Schuhindustrie bis hin zu Böden und Tapeten – eingesetzt. Sardinien deckt ca. 80 % des italienischen Korkbedarfs, muss aber wegen der hohen Produktionskosten in den letzten Jahren verstärkt mit der ausländischen Konkurrenz kämpfen.

1
Karte Seite 81

lich gestalteten grauen Granithäusern, die Geschäfte und Läden und natürlich der **Viale Fonte Nuova,** eine schattige »Kurpromenade«, lassen Tempio manchmal so ganz unsardisch erscheinen. Von dem oft zitierten düsteren, rauen Sardinien und seinem in sich gekehrten Menschenschlag spürt man hier jedenfalls wenig.

Auf der Piazza San Pietro ragt der Campanile der aus dem 17. Jh. stammenden **Kathedrale** in den blauen Himmel. Turm, Portal und Chorgestühl stammen noch von der romanischen Vorgängerkirche.

Im Februar wird in Tempio der **Karneval** gefeiert: Dann kommen aus ganz Sardinien die Besucher mit ihren Kindern, um an den Umzügen mit den Bonbonschlachten teilzunehmen.

Pro Loco, Piazza Gallura, Tel. 0 79 63 12 73 www.pausania.net

Delle Sorgenti, Via delle Fonti 6, Tel. 0 79 67 15 16, Fax 0 79 63 00 33. Sympathisches und ruhiges Hotel nahe den Heilquellen. ❍❍

▮ **Petit Hotel,** Piazza A. de Gasperi 9, Tel. 0 79 63 11 34, Fax 0 79 63 17 60. Die beste Empfehlung in Tempio, sehr geschmackvoll und ansprechend eingerichtet. ❍❍

Caffè Gabriel, Via Manno 43, Tel. 0 79 63 33 50. Hier genießt man original sardische Küche vom Allerfeinsten. ❍❍

Die Straße SS 127 erreicht nun über Calangianus und Teltri nach 46 km Olbia (455 km), das Ziel dieser Tour. Die Stadt ist der Ausgangspunkt für den zweiten Tourenvorschlag.

Tour 2

Sardiniens Norden

Olbia → **Costa Smeralda → *Arzachena → *Isola Maddalena → Santa Teresa di Gallura → *Castelsardo → *Porto Torres (242 km)

Die Costa Smeralda – ein Name übrigens, den sich fixe Tourismusmanager ausgedacht haben – ist der bekannteste Küstenabschnitt Sardiniens. Wie der gesamte Norden der Insel besticht er vor allem durch seine Landschaft, die hinreißende Küste mit malerischen Buchten und türkisblauem Wasser sowie bizarren Felsformationen. Für die Tour bis Porto Torres empfehlen sich etwa zwei Reisetage, denn immer wieder locken auch lohnende Ziele zu Abstechern ins Landesinnere, sei es nach Arzachena, zu der Landkirche San Pietro di Simbranos oder zum Monte d'Accoddi aus dem 3. Jt. v. Chr. bei Porto Torres.

Olbia ⓯

Die Stadt (50 000 Einw.) ist das verkehrstechnische Drehkreuz der Gallura. Vor allem ihre Stellung als wichtiger Fährhafen sowie der Flugplatz Costa Smeralda lassen Olbia eine gewisse touristische Bedeutung zukommen. Die Stadt bietet mit ihrer zerklüfteten Küste und den vorgelagerten Inseln Tavolara und Molara dem Ankommenden einen sehr eindrucksvollen Anblick.

Zentrum ist die **Piazza Margherita,** in deren Nähe auch einige gute Restaurants wie das La Gallura zum Speisen verführen.

Badeparadies gegenüber der Insel Tavolara bei Olbia

2 Karte Seite 66

Zu den wenigen Sehenswürdigkeiten gehört **San Simplici,** ein Bau im pisanischen Stil aus dem 11./12. Jh. In der Mauer sind noch die Meilensteine der alten Römerstraße von Olbia nach Cagliari zu erkennen.

A.A.S.T. (Azienda Autonoma di Soggiorno e Tourismo), Via Catello Piro 1, Tel. 0 78 92 14 53, Fax 0 78 92 22 21.

Flughafen: Costa Smeralda, ca. 8 km südlich des Stadtzentrums, Tel. 0 78 92 14 53.
Fährverbindungen: Civitavecchia, Livorno, Genua, Cagliari.

Martini, Via G. D'Annunzio, Tel. 0 78 92 60 66, Fax 0 78 92 64 18, www.hotelmartiniolbia.it. Erstes Haus am Platze, zentral. ○○○
▮ **Mediterraneo,** Via Montello 3, Tel. 0 78 92 41 73, Fax 0 78 92 41 62, www.itihotels.it. Stilvolles Stadthotel. ○○○
▮ **La Gallura,** Corso Umberto 145, Tel. 0 78 92 46 48, Fax 0 78 92 46 29, www.ctog.it. Zentral, mit gutem Restaurant. ○○

La Gallura, Corso Umberto 145, Tel. 0 78 92 46 48. Exquisite nordsardische Küche; viele Fischgerichte. ○○○

Golfo Aranci ⑯

Nicht jeden, der im Norden Sardiniens ankommt, verschlägt es nach Olbia, und so hat sich Golfo Aranci (18 km) zu einem wichtigen Fährhafen entwickelt. Die Lage des Hafenstädtchens am imposanten Capo di Figari ist nicht ohne Reiz. Der Ort selbst hat lediglich als Fährhafen Bedeutung, da hier ebenso wie in Olbia ein Eisenbahnanschluss besteht. Kleinere Feriensiedlungen erschließen langsam die zerklüfteten Küstenregionen rund um den Capo di Figari (Fährverbindung nach Civitavecchia).

8 **Costa Smeralda

In den 1960er Jahren entdeckte Prinz Karim Aga Khan die felsige und unwirtliche nördliche Küstenregion für seine touristischen Investitions- und

2
Karte Seite 66

Spekulationspläne. Die Hirten und Bauern waren froh, dass ihnen jemand zu Spottpreisen ihr unfruchtbares Land abkaufte. Als dann Millionen investiert wurden und Nobelhotels entstanden, Jachthäfen die Luxussegler anlockten, als Bungalowanlagen, Feriendörfer und ein Golfplatz aus dem Boden schossen und der neu geschaffene Begriff »Smaragdküste« zu einem Synonym für Jetset und Luxus wurde, merkten die Sarden, dass man sie wieder einmal übervorteilt hatte.

*Porto Rotondo und Cala di Volpe

Zum Einzugsgebiet der Costa Smeralda gehört am landschaftlich schönen, tief eingeschnittenen Golfo di Cugnano das (Jacht-)Hafenstädtchen **Porto Rotondo.** Dieses gleicht Porto Cervo (s. rechts) nicht nur in Architektur und Jachthafen, sondern auch in den Preisen und der Noblesse.

Direkt nördlich gegenüber liegt die Halbinsel Capriccioli und die **Cala di Volpe** mit Feriensiedlungen und dem gleichnamigen Superhotel (s. u.) des Toparchitekten Jacques Couelle.

Sporting Hotel, Loc. Porto Rotondo, Tel. 0 78 93 40 05, Fax 0 78 93 48 83, www.sportingportorotondo.it. Lady Di logierte einst hier, das merkt man am Preis. ❍❍❍

▌**Cala di Volpe,** Loc. Cala di Volpe, Tel. 0 78 99 60 83, Fax 0 78 99 64 42, www.luxuryhotels.de. Eigener Jachthafen, Luxus pur. ❍❍❍

▌**Nibaru,** Loc. Cala di Volpe, Tel. 0 78 99 60 38, Fax 0 78 99 64 74, www.hotelnibaru.it. Hier logiert man etwas preiswerter, aber in der Nähe des mondänen Cala di Volpe. ❍❍

▌**Capriccioli,** Loc. Capriccioli, Tel. 0 78 99 60 04, Fax 0 78 99 64 22, www.hotelcapriccioli.it. Kleines Strandhotel auf der gleichnamigen Halbinsel. ❍❍

Il Pomodoro, Porto Rotondo (an der Mole vom Jachthafen). Alternative zu den Toprestaurants wie »Pescatore« oder »Petronilla«. ❍❍

*Porto Cervo ⓱

Der mondäne Ort (60 km) ist Mittelpunkt des Costa-Smeralda-Tourismus. Das Dorf ist in einem eigens entworfenen Baustil errichtet, der typische Elemente der sardischen Architektur mit modernen Ansprüchen an Luxus und Noblesse verbindet. So entstand ein harmonisches, in sich geschlossenes Dorfbild mit Treppen, überdachten Bogengängen, kleineren und größeren Plätzen, das für andere Feriensiedlungen zum Vorbild werden sollte. Nach Porto Cervo kommt man des mondänen Feelings wegen, und so ge-

Luxus pur: das Hotel »Cala di Volpe« bei Porto Rotondo

nießt man den sündhaft teuren Cappuccino in einem Café auf der Piazzetta, bestaunt die Luxusjachten in der Marina, macht einen Schaufensterbummel zwischen Läden mit Exponaten von Versace und Thierry Mugler.

Sportliches Vergnügen garantieren der Topgolfplatz im **Pevero Golf Club** (18 Löcher; zwischen Mai und Okt.), die Tennisplätze im **Cervo Tennis Club** oder eine bei **Marinasarda** (Tel. 0 78 99 24 75) gecharterte Jacht.

Grandhotel, Porto Cervo, Tel. 0 78 99 15 33, Fax 0 78 99 15 08, www.grandhotelinportocervo.it. Zentrale Lage; Haus der ersten Stunde; hoteleigene Badebucht, Hallenbad, Bootsverleih, Clubhaus. ○○○

Le Ginestre, Porto Cervo, Tel. 0 78 99 20 30, Fax 0 78 99 40 87, www.leginestrehotel.com. Etwas außerhalb des Ortskerns; stimmungsvoll mit Ginsterbüschen. ○○○

Im **Café du Port** trifft man sich spätabends und macht die Nacht zum Tage.

Baia Sardinia

Von Porto Cervo aus in westlicher Richtung markiert das am Golfo di Arzachena gelegene Baia Sardinia das Ende der Costa Smeralda. Wie Porto Cervo ist Baia Sardinia ein aus dem Boden gestampftes Feriendorf, das

2 Karte Seite 66

2
Karte Seite 66

aber durchaus Atmosphäre besitzt. Der lange, sanft abfallende Sandstrand macht Baia Sardinia gerade bei Familien zu einem beliebten Reiseziel.

Club Hotel, Tel. 0 78 99 90 06, Fax 0 78 99 92 86, www.clubhotelbaiasardinia.it. Die erste Adresse in Baia, direkt am Strand gelegener Rundbau mit sehr gutem Restaurant. ○○○

Casablanca Baia Sardinia, Tel. 0 78 99 90 06 www.baiahotels.it, (tgl. Mai–Sept.) Spitzenrestaurant für Meeresküche von Fabio Sessini, ausgezeichnete Weinkarte. ○○○

*Arzachena ⑱

Die Fahrt entlang dem Golfo di Arzachena lässt sich mit einem Abstecher nach Arzachena (20 km) verbinden. Der Ort war das Zentrum der nordöstlichen Gallura, seine Bewohner vorrangig Schafhirten und Bauern. Er ist beliebtes Ziel bei den Strandurlaubern der Costa Smeralda; der Dorfkern mit der Piazza Risorgimento hat viel von seiner ursprünglichen Form bewahrt.

*Lu Coddu Vecchio ⑲

Hauptsehenswürdigkeit aber sind vorgeschichtliche Kulturdenkmäler im näheren Umkreis. Außerhalb des Ortes, an der Straße nach Luogosanto (bei der Bahnstation Caldosa), liegt das Riesengrab Lu Coddu Vecchio (Hinweisschild im Ort: »Tomba dei Giganti«). Diese sehr gut erhaltene Grabanlage, deren Eingang von einer fast 4 m hohen zweiteiligen Stele bewacht wird, stammt aus dem 2. Jt. v. Chr. Die Öffnung in der Stele diente als Grabzugang, der halbkreisförmige Vorplatz war wohl ein kultischer Opferplatz.

Ein geheimnisvoller Ort: das Gigantengrab Li Lolghi

Li Lolghi und Li Muri

Ebenfalls in Richtung Luogosanto trifft man auf das Gigantengrab Li Lolghi und das Gräberfeld Li Muri mit einer Reihe von Steinkistengräbern aus der Zeit der so genannten Arzachena-Kultur. Historisch ist sie zwar dem gleichen Zeitraum zuzuordnen wie die Ozieri-Kultur (4.–3. Jt. v. Chr.), doch weiß man über diese archaische Hirtenkultur noch relativ wenig.

Etwa 2 km südlich von Arzachena sieht man den massiven **Nuraghen Albucciu,** auch *Malchittu* genannt (2. Jt. v. Chr.).

A. A. S. T., Piazza Risorgimento, Tel. 0 78 98 49 401, aast.arzachena@regione.sardegna.it

Casa Mia, Via Torricelli 3, Tel. 0 78 98 27 90, Fax 0 78 98 32 91, www.hotelcasamia.it. Ein Haus, in dem man sich wohl fühlt. ○○

Palau ⑳

Von Arzachena führt die SS 125 weiter Richtung Norden nach Palau (97 km), dem Brückenkopf zu den vorgelagerten Inseln La Maddalena und Caprera.

Palau selbst bietet außer Strandleben nichts Sehenswertes, lohnend ist aber ein Ausflug zum **Capo d'Orso,** ca. 5 km östlich der Stadt. Der skurrile »Bärenkopf« ist Ergebnis jahrtausendelanger Verwitterung der gewaltigen Granitblöcke, die sich überall in der Gallura finden und deren Landschaftsbild prägen (20-minütiger Fußweg vom ausgeschriebenen Parkplatz). Vom Capo d'Orso aus hat man einen phantastischen Rundblick über die Küste der Gallura.

A. A. S. T., Via Nazionale 94, Tel./Fax 07 89 70 95 70.

Bootsverbindung: La Maddalena; (Bootsausflüge zum La-Maddalena-Archipel Isola Spargi, Isola Budelli, Isola Santa Maria) mit Badeaufenthalt und Mittagessen an Bord.

Piccada, Via degli Asfodeli 6, Tel./Fax 07 89 70 93 44, www.hotelpiccada.com. Empfehlenswert, nahe dem Jachthafen. ○○
Campingplatz: **Baia Saraceno,** Tel. 07 89 70 94 03.

*Isola Maddalena

Die größte Insel des der Nordküste Sardiniens vorgelagerten Archipels ist ein attraktives Ausflugsziel. Sie besticht durch ihre Kargheit. Die starken Böen in der Straße von Bonifacio, dem Meereskanal zwischen Sardinien und Korsika, behindern den Pflanzenwuchs. Nur widerstandsfähige und genügsame Macchiapflanzen halten ihnen und der Erosion stand.

La Maddalena ㉑

Der Hauptort der Insel, der erst im 18. Jh. mit der Befestigung des alten Fischerdorfes La Gavetta entstand, ist ein gepflegtes Hafenstädtchen mit Cafés und Trattorien.

Auf der Strada Panoramica fährt man mit dem Auto in zirka einer Stunde rund um die Insel. Das **Museo Archeologico Navale** »Nino Lamboglia«, ein Schifffahrtsmuseum, beherbergt auch die Teile einer hier gefundenen römischen Galeere (Di–So, 8 bis 13.30 Uhr).

2 Karte Seite 66

Vollmundiger, spritziger Vermentino

Der aus der Vermentino-Traube gekelterte Weißwein gehört mit dem roten Cannonau zu den bekanntesten Weinsorten Sardiniens. Er wird vorwiegend in der Provinz Sassari und in Teilen der Gallura angebaut. Es ist ein strohfarbener trockener Wein mit einem überraschend feinen und ausgebauten Bukett. Trotz aller Vollmundigkeit und dem relativ hohen Alkoholgehalt (bis zu 13,5 %) ist er sehr spritzig und frisch und passt ausgezeichnet zu den Fischgerichten der Hummerküste Algheros. Der Vermentino Aragosto aus Santa Maria di Palma bei Alghero gehörte zu den ersten auch hierzulande bekannten sardischen Weinen. Ebenfalls ein guter, spritziger Tropfen ist der Vermentino di Alghero aus der Region um Fertilia. In den 1930er Jahren siedelten sich hier Bauern aus der Po-Ebene an, in den 1950er Jahren Flüchtlinge aus Julisch-Venetien. Bauern und Flüchtlinge stammten aus traditionellen Weißweingebieten und stellten nun auch hier ihre Kenntnisse und Erfahrungen in der Erzeugung hervorragender Weißweine unter Beweis.

Pro Loco, Via XX Settembre 24, Tel. 07 89 73 63 21, www.lamaddalena.it

Bootsverbindung: Palau; im Sommer täglich Inselrundfahrten.

Hotel Excelsior, Via Amendola 7, Tel. 07 89 73 73 14, Fax 07 89 73 91 71. Direkt am Hafen gelegenes einfaches, sauberes Hotel. ❍❍

Campingplätze: La Maddalena, Loc. Moneta, Tel. Fax 07 89 72 80 51.
▮ **Il Sole,** Via Indipendenza, Tel. 07 89 72 77 27.

La Locanda del Mirto, Punta della Gatta, Tel. 07 89 73 90 56. Rustikales Restaurant mit ganz hervorragenden Gerichten abseits allen Trubels mitten in den Bergen. ❍❍

2 Karte Seite 66

Isola Caprera ㉒

Die über den Passo di Moneta erreichbare Insel ist nahezu unbewohnt und berühmt vor allem wegen Giuseppe Garibaldi (1807–1882), der hier seinen Altersruhesitz hatte. Nachdem er sich aus Politik und Militär zurückgezogen hatte, versuchte er, auf dieser kargen Insel eine kleine Landwirtschaft zu betreiben. Sein Alterssitz, die ***Casa Garibaldi,** ist Museum mit Erinnerungsstücken an den Helden, darunter auch den Sattel seines Pferdes Marsala, auf dem er 1860 bei seinem Feldzug für die Einigung Italiens in Palermo einritt (Di–So 9–13.30 Uhr).

Schöne Spaziergänge auf der nördlichen Inselhälfte führen durch die Pinienhaine oder zur Nordspitze der Insel mit Befestigungsanlagen aus dem 19. Jh. Caprera ist nahezu vollständig Naturschutzgebiet (Campen untersagt).

Santa Teresa di Gallura ㉓

Auf dem Weg von Palau nach Santa Teresa di Gallura durchquert man steinige Macchialandschaft. Stichstraßen und Feldwege führen hinunter ans Meer, wo sich immer wieder gute Bademöglichkeiten bieten. Mit dem Dorf Santa Teresa di Gallura (134 km) hat man die nördlichste Siedlung Sardiniens erreicht. Nur gut 12 km trennen die Insel noch von der Südspitze Korsikas, das man an klaren Tagen deutlich erkennen kann. Das Meer vor Santa Teresa di Gallura ist vor allem ein Dorado für Surfer, der lange Sandstrand bei Familien beliebt.

9 Nur wenige Kilometer von Santa Teresa entfernt gibt es eindrucksvolle Landschaftsbilder: der **Capo Testa,** die bizarr geformte und von tosenden Wellen umspülte Granithalbinsel an der Nordspitze, sowie der östlich gelegene **Capo Falcone** mit seiner senkrecht zum Meer abfallenden Steilküste, die bei schönem Wetter einen Traumblick auf das benachbarte Korsika eröffnet.

Pro Loco, Piazza Vittorio Emanuele 24, Tel. 07 89 75 41 27, Fax 07 89 75 41 83.

Fährverbindung: Korsika.

Corallaro, Loc. Rena Bianca, Tel. 07 89 75 54 75, Fax 07 89 75 54 31, www.hotelcorallaro.it. Topadresse am Stadtstrand, mit Pool und türkischem Bad. ❍❍❍
▮ **Villagio Santa Teresa,** Tel. 07 89 75 15 20, Fax 07 89 75 15 25. Bungalowanlage mit mehr als 200 Appartements. ❍❍

Der Capo Testa

S'Andira, Loc. Santa Reparata (Juni bis Sept. geöffnet). Bekannt für ausgezeichnete Nudelgerichte und Fisch. ❍❍

Pape Satan, Via La Marmora 20. Pizzeria mit schönem Innenhof zum Sitzen, Pasta in allen Variationen, Pizza nur abends. ❍

2 Karte Seite 66

Vignola ㉔

Vorbei an der Cala Vall'Alta, erreicht man das Dorf Vignola, dessen langer, mit Wacholderbüschen bestandener Sandstrand sich als Familienurlaubsparadies entpuppt hat. Er ist auch ein wahres Dorado für Surfer und Taucher.

Campingplatz: Camping Village Baia Blu La Tortuga, Pineta di Vignola mare, I-07020 Aglientu, Tel. 0 79 60 20 60, Fax 0 79 60 20 40, moderner, auf Familien ausgerichteter Komplex ❍❍

Costa Paradiso ㉕

Der anschließende Küstenabschnitt trägt den Namen **Costa Paradiso.** Das gleichnamige Feriendorf ist über eine Stichstraße zu erreichen, in der Saison nur für Gäste der Feriensiedlung. Man fährt bis zum Hinweisschild auf das Fischerdorf **Isola Rossa,** in den Sommermonaten ein beliebter Ferien- und Badeort, dessen Atmosphäre nichts mehr vom Schickimickiambiente der Costa Smeralda hat. Südlich von Isola Rossa erstrecken sich lange Sandstrände, nördlich die roten Felsenklippen der Costa Paradiso.

Knapp 20 km hinter der Abzweigung nach Isola Rossa erreicht man die Kreuzung nach Castelsardo, in deren unmittelbarer Nähe ein weiteres sardisches Felsenphänomen wartet, die **Roccia dell'Elefante,** ein verwitterter Porphyrfelsen in Form eines Elefanten. In seinem Innern versteckt sich ein *domus de janas* mit kleinen Grabkammern und zwei schönen Stierkopfreliefs.

Die Costa Paradiso trägt ihren Namen zu Recht

Ein Abstecher von hier ins Landesinnere führt 18 km südlich zur pisanischen Landkirche ***San Pietro di Simbranos.** Anfang des 12. Jhs. als Abteikirche der Benediktiner errichtet, wurde das kleine Gotteshaus im 13. Jh. erweitert. Es beeindruckt vor allem durch die gelungene weißrot gestreifte Fassade und die schöne Lage.

*Castelsardo ㉖

Zurück zur Küste, erreicht man die von einem genuesischen Kastell bewachte Stadt (208 km). Steile, verwinkelte Gassen führen hinauf auf den Burgberg und zum **Kastell** mit einem kleinen Museum. Die Kathedrale **Sant' Antonio Abate** beherbergt ein wunderschönes Altarbild *Madonna mit dem Kind des Meisters von Castelsardo (15. Jh.). Von dem Künstler sind

Gestaltungsreichtum der Erosion: der Elefantenfelsen bei Castelsardo

2 Karte Seite 66

zwar einige Bilder und Bildfragmente erhalten, die auch in der Pinacoteca Nazionale in Cagliari (s. S. 36) gezeigt werden, doch ist es bis heute nicht gelungen, den Namen und die Identität dieses für Sardinien so berühmten Meisters ausfindig zu machen, der seine Ausbildung vermutlich in Spanien absolvierte. Neben dem Meister von Sanluri und Giovanni Muru gehört er zu den herausragenden Vertretern der sardisch-katalanischen Malerei.

*Porto Torres ㉗

Ab Castelsardo verläuft die Straße bis Porto Torres parallel zu dem mit Wacholder und Pinien bestandenen Küstenstreifen von **Marina di Sorso** und **Lido di Platamona,** den Hausstränden der Sassaresen. Imbissbuden, Bars und Restaurants säumen den Lido bis kurz vor die am Golfo dell'Asinara gelegene Industriestadt Porto Torres (242 km). Mit seinem Hafen, nach Cagliari und Olbia der drittgrößte Sardiniens, ist Porto Torres auch ein weiteres wichtiges Einfallstor der Insel, das Fährverbindungen nach Genua, Livorno und Toulon bietet. Spärliche Reste der römischen Hafenanlage sind neben dem heutigen Fährhafen erhalten. Beim Bahnhof sind noch Ruinen der Thermen und eines Aquäduktes zu sehen.

Römerbrücke

Imposanter ist die weiter westlich über den Manno führende Römerbrücke, die in sieben Bogen den Fluss überspannt. Ein **Antiquarium** (Di–So 9–19.30 Uhr) zeigt Fundstücke aus der römischen Epoche.

**San Gavino

Hauptziel eines Stadtbummels ist die größte romanische Kirche Sardiniens, San Gavino. Ihr Namenspatron ist der römische Legionär Gavinus, der für seinen Übertritt zum Christentum zum Tode verurteilt wurde.

Die um 1050 im pisanisch-lombardischen Stil errichtete dreischiffige Kirche bezaubert trotz ihrer Bauschäden durch ihr harmonisches Gesamtbild. Einige Säulen im Innern stammen aus den Ruinen des alten Turris und zeigen zum Teil frühchristliche Motive. In der Krypta ruhen die Sarkophage des Kirchenpatrons und seiner Leidensgefährten.

2
Karte Seite 66

Pro Loco, Piazza Colombo
Tel./Fax 079 51 50 00

Fährverbindungen: Toulon, Genua, Livorno.

Torres, Via Sassari 75, Tel. 0 79 50 16 04, Fax 0 79 50 16 05. Großes Hotel an der recht lauten Via Sassari, mit eigenem Restaurant. ❍❍❍
▮ **Hotel Royal,** Via Sebastiano Satta 8, Tel. 0 79 50 22 78. Preiswerte Unterkunft etwas außerhalb des Zentrums; einfache, fast spartanische Zimmer. ❍

Scoglio Lungo, Lungomare Scoglio Lungo. Vornehmes, nicht ganz billiges Restaurant direkt am Meer; Fisch und Meeresfrüchte sind die Spezialitäten. ❍❍❍
▮ **Da Giacomo,** Via Giordano Bruno. Hafenkneipe mit einfacher Küche. ❍

Ausflug zum *Monte d'Accoddi ㉘

Folgt man von Porto Torres der SS 131 »Carlo Felice« etwa 8 km Richtung Sassari, so gelangt man zu einer nicht nur für Sardinien, sondern für den gesamten Mittelmeerraum einzigartigen frühgeschichtlichen Kultstätte, dem Monte d'Accoddi. Dieser terrassenförmig angelegte, geheimnisumwitterte Komplex stammt aus dem 3. Jt. v. Chr., also aus der Kupferzeit; er umfasst eine etwa 1100 m² große Altarplattform, zu der eine 40 m lange Rampe hinaufführt. Rund um diesen Altartisch gruppieren sich weitere dolmenartige Steintische sowie ein umgestürzter Menhir, darüber hinaus Überreste von Pilgerhütten. Man nimmt an, dass am Monte d'Accoddi sowohl eine weibliche als auch eine männliche Gottheit verehrt wurden.

Tour 3

Belebte Küsten, ruhiges Hinterland

Olbia → San Teodoro → *Orosei → *Dorgali → *Arbatax → *Costa Rei → Villasimius → Cagliari (335 km)

Zwei bis drei Tage dauert die Fahrt von Olbia entlang der landschaftlich schönen Ostküste über San Teodoro, Arbatax und Villasimius nach Cagliari. Die Straßenführung zwingt zu langsamer Fahrt, abseits der vorwiegend durch die Berge des Hinterlandes verlaufenden Tour liegen an der Küste oft auch schöne Sand- und Felsbuchten; man kann sie jedoch nur nach einem längeren Fußmarsch erreichen. Ein Blick auf die Karte macht deutlich, dass man hier durch eine weitgehend unbesiedelte Inselregion fährt. Die Zahl der größeren Ortschaften zwischen Orosei, das etwa den Beginn des zweiten Drittels der Strecke markiert, und Villasimius kann man an zwei Händen abzählen.

Tavolara ㉙

Man verlässt Olbia ⓯ (s. S. 64) in südlicher Richtung auf der gut ausgebauten SS 125. Bei der Fahrt entlang dem fjordartigen Golf von Olbia erkennt man etwa nach 15 km linker Hand die steil aufragende **Felseninsel Tavolara,** die im 19. Jh. sogar ein Kleinstkönigreich von Bonapartes Gnaden war. Das felsige Tavolara ist ein beliebtes Ziel für Tauchschulen und Segeljachten, die vor der malerischen Felsenküste vor Anker gehen. Von Porto San Paolo verkehren Privatboote zur Insel.

Auch schroff und abweisend gibt sich die Küste

Weniger schroff hingegen zeigt sich **Molara,** die zweite dem Festland vorgelagerte Insel. Sogar in den heißen Sommermonaten verleiht ihr die Macchia noch ein grünes Kleid.

San Teodoro ㉚

Die Badebuchten zwischen Olbia und Posada sind gesäumt von zahlreichen Feriensiedlungen, die mehr oder weniger geglückt dem Costa-Smeralda-Stil nacheifern. Streckenweise kann man noch die Spuren der großen Waldbrände erkennen, die hier in den 1980er Jahren wüteten und Platz für neues Bauland schufen.

Im Küstenort San Teodoro (29 km) mit seinen gepflegten weißen Sandstränden verbringen viele Familien ihren Sommerurlaub. Pizzerien, Diskos, ein breites Angebot an Surfschulen, Tauchexkursionen oder Beach-Volleyball sorgen für einen rundum durchorganisierten Ferienaufenthalt.

Viele Buchten sind nur mit dem Boot zu erreichen

3 Karte Seite 81

i **Obiettivo Vacanza,** Via Sardegna, Tel. 07 84 86 71 09, Fax 07 84 85 14 01, www.santeodoro.com.

Le Rose, Via del Tirreno, Tel. 07 84 86 50 72, Fax 07 84 86 50 81, www.esperia.it/lerose.htm. Gepflegte Bungalowanlage an der Strandstraße. ❍❍❍

▮ **Onda Marina,** Via del Tirreno. Tel. 07 84 86 57 88, Fax 07 84 86 60 85, www.hotelondamarina.it. In diesem Haus direkt am Strand fühlt man sich rundum wohl. ❍❍❍

▮ **La Palma,** Via del Tirreno. Tel. 07 84 86 59 62, Fax 07 84 86 56 71, www.pescaeturismo.it/pagina-hotel.html. Pension in Strandnähe; Restaurant und Bar. ❍❍

Campingplätze: San Teodoro, Via Tirreno, Tel./Fax 07 84 86 57 77. www.campingsanteodoro.com.

▮ **Cala d'Ambra,** Loc. Cala d'Ambra, Tel. 07 84 86 56 50, Fax 0 78 44 46 14,

L'Esagono, Loc. Cala d'Ambra. In edlem Ambiente mit Meerblick werden vor allem exzellente Fischgerichte serviert. ❍❍❍

▮ **Domo Muriscano,** Strada Statale. Beliebtes großes Lokal mit reichhaltiger Speisekarte, die vor allem Grillgerichte bietet. ❍❍

Budoni ㉛

Auch der weitere Küstenabschnitt in Richtung Süden ist geprägt vom sommerlichen Badetourismus. Der von einer großen *pineta* bestandene Sandstrand nahe Budoni wird vor allem von den Feriengästen der vielen Campingplätze bevölkert.

Campingplätze: Cala Fiorita, Loc. Agrustos, Tel. und Fax 07 84 84 62 90. ▮ **Salamaghe,** Loc. Marina, Tel. 07 84 84 41 77.

3 Karte Seite 81

Posada ㉜

Durch reizvolle Landschaft geht es weiter nach Posada (47 km), das sich auf einem befestigten Hügel präsentiert. Malerisch drängen sich die alten Häuser unterhalb des aus dem 12. Jh. stammenden Castello della Fava, dessen markanter Turm den Hügel krönt.

An der Küste folgt Badestrand auf Badestrand, alle hervorragend erschlossen. **San Giovanni,** die Pineta an der Flussmündung des Riu Berchida, **Cala Ginepro** oder **Cala Liberetto** haben in wenigen Jahren den Sprung vom vergessenen Strandabschnitt zum Topspekulationsobjekt gemacht.

*Orosei ㉝

Zentrum und bekanntester Ort der Region ist Orosei (88 km). Am einstigen Ufer des nahezu verlandeten Cedrino-Flusses und zu Füßen des Monte Tuttavista gelegen, bietet Orosei nicht nur einen Badestrand, sondern eine gut erhaltene alte Bausubstanz.

Ein ausgeschilderter historischer Stadtrundgang *(itinerario storico)* führt von der großen Piazza Popolo mit der kuppelbekrönten Pfarrkirche

Auf den Spuren der Nuragher in Serra Orrios

San Giacomo Maggiore (14./16.Jh.) und der Chiesa del Rosario (16. Jh.) durch die engen Gassen des Ortes zur Torre di San Antonio aus pisanischer Zeit und weiter zur Kirche Sant'Antonio di Abate (14./15. Jh.).

*Serra Orrios ㉞

Von Orosei sollte man auf der SS 129 nach Dorgali fahren. Nach etwa 20 km biegt links eine Seitenstraße zum Nuraghendorf Serra Orrios ab, das nicht nur sehr gut erhalten, sondern auch in eine wunderbare Landschaft eingebettet ist. Der ausgeschilderte Weg von der Straße führt durch einen Olivenhain zu den Überresten der Nuraghensiedlung: etwa 70 Rundbauten, die über eigene Brunnen verfügten.

*Dorgali ㉟

Die Grabungsfunde von Serra Orrios sind im **Museo Civico Archeologico** in der Via Lamarmora ausgestellt (Nov. bis Feb. 9.30–13, 14–16.30, März–Okt. 9–13, 16–19 Uhr, www.dorgali.it). Der Ort (120 km) ist umgeben von bleichen Dolomitwänden. In Dorgali blüht das Kunsthandwerk, in den kleinen Läden kann man Stickereien, Teppi-

Das Eingangstor von Serra Orrios

che, Keramik und filigranen Gold- und Silberschmuck erstehen.

S'Adde, Via Concordia, Dorgali, Tel. 0 78 49 43 15, Fax 0 78 49 44 12. Angenehmes Hotel mit freundlichen, hellen Zimmern und eigenem Restaurant. ❍❍❍

*Cala Gonone

Nach Osten hin trennt der Monte Bardia Dorgali vom Meer. Man muss seinen 450 m langen Tunnel passieren, um auf die kurvenreiche Straße Richtung Cala Gonone zu gelangen. Umgeben von einer nahezu 900 m hohen Felsenmauer, ist Cala Gonone wegen seiner spektakulären Lage, der Grotta del Bue Marino, der Bootsausflüge und nicht zuletzt der romantischen Cala Luna zu einem wahren Pilgerziel der Ostküste geworden.

Von Cala Gonone aus erkundet man die grandiose Steilküste mit ihren Grotten und feinkörnigen Sandstränden am besten per Boot; es gibt einen ganztägigen Pendeldienst.

*Grotta del Bue Marino ㊱

Auch zu dieser Grotte werden Bootsfahrten angeboten. Sie besteht aus zwei riesigen Kammern, die von einem unterirdischen Flusslauf durchzogen sind. Das Oberflächenwasser drang in Jahrmillionen durch das Kalksteinmassiv ein und spülte so das einzigartige Höhlensystem aus. In mehreren Sälen erschließt sich eine faszinierende Zauberwelt aus Stalagmiten und Stalaktiten, aus bizarren Tropfsteinformationen, die durch Beleuchtung in Szene gesetzt sind (Info am Hafenkiosk).

*Mannu II

Die nähere Umgebung von Cala Gonone auch kulturgeschichtlich Bedeutsames zu bieten. So wird hier seit 1995 eines der größten bisher bekannten Nuraghendörfer freigelegt. Das Mannu II genannte prähistorische Dorf bestand wohl ab 1500 v. Chr. und wurde später von den Römern zum Teil überbaut. Zeitweise ist die Ausgrabungsstätte zu besichtigen.

Il Querceto, Cala Gonone, Tel. 0 78 49 65 09, Fax 0 78 49 52 54, www.ilquerceto.com. Geschmackvolles, modernes Hotel mit Garten; gutes Restaurant. ❍❍❍

▮ **Cala Luna,** Cala Gonone, Via Lungomare, Tel. 0 78 49 31 33, Fax 0 78 49 31 58. Einfaches, sehr gepflegtes Hotel mit Meeresblick, das auch Familienzimmer anbietet. ❍❍

Campingplatz: Cala Gonone, Loc. Cala Gonone, Tel. 0 78 49 31 65 www.campingcalagonone.it

Il Pescatore, Cala Gonone, Via dell'Acqua Dolce, Tel. 0 78 49 31 74. Auf der Terrasse werden leckere Fischgerichte wie Fischsuppe oder Spaghetti mit Krebsen serviert. ❍❍

3 Karte Seite 81

Von Dorgali bis Santa Maria Navarrese

Ab Dorgali verläuft die SS 125 bis Santa Maria Navarese durch eine wilde Gebirgslandschaft und steigt beim Genna-Silana-Pass bis auf eine Höhe von 1245 m an.

Das Hochplateau erstreckt sich östlich von **Baunei.** Wanderwege führen an den spektakulären Steilabbruch der Küste oder in wilden, ausgewaschenen Flusstälern hinunter zur Cala di Luna. Eine Serpentinenstraße windet sich von Baunei nach Perda Longa ans Meer.

3 Karte Seite 81

Südlich von Baunei fällt in schier unendlichen Kehren die Bergstraße ab in die Ogliastra, eine fruchtbare Küstenebene. Am Straßenrand erblickt man Haine mit uralten Olivenbäumen, die der Region ihren Namen gaben. Im Westen wird die Ebene begrenzt durch die Ausläufer des Gennargentu. An den Küstenstreifen der Ogliastra erstrecken sich endlose Sandstrände, die trotz zunehmender Erschließung durchaus noch ruhige Ecken bieten.

Santa Maria Navarrese 37

Das beschauliche Fischerdorf ist im Sommer Ziel sonnenverwöhnter Badeurlauber, die den 5 km langen Sandstrand bevölkern. Von den großteils neuen Häusern am Hang überblickt man die ganze Bucht. Wie in Cala Gonone werden Bootsausflüge entlang der Steilküste und zu den Buchten des Golfo di Orosei angeboten.

*Arbatax 38

Der Hafenort (188 km) mit Fährverbindungen nach Genua und Civitavecchia ist auch ein beliebtes Ferienzentrum der Ostküste. Die vor allem im Abendlicht traumhaft leuchtenden roten Porphyrklippen wurden leider immer mehr einbetoniert. Arbatax ist auch Endpunkt des *trenino verde,* der »Grünen Eisenbahn« , die sich von Cagliari über Mandas durch das Gebirge schlängelt (www.treninoverde.it).

Die Porphyrklippen von Arbatax

Fährverbindungen: Olbia, Genua, Civitavecchia.

Monte Turri, Loc. Bellavista, Tel. 07 82 66 76 94, Fax 07 82 66 78 93. Vier Sterne, edel und direkt am Kap. ○○○

La Bitta, Porto Frailis, Tel. 07 82 66 70 80, Fax 07 82 66 72 28, www.hotellabitta.it. Ebenfalls sehr vornehm und teuer, aber abseits und ruhiger gelegen als das Monte Turri. ○○○

Auf dem Weg zur *Costa Rei

Auf dem Rückweg gelangt man über das Städtchen Tortoli nach **Bari Sardo.** In der Umgebung des vorwiegend von der Landwirtschaft lebenden Städtchens gedeihen Zitrusfrüchte, Obstbäume und Weinreben.

Freizeitvergnügen versprechen die Sandstrände an der Costa Rei

In der **Cantina Sociale di Ogliastra** in Rortoli (Via Baccassa) kann man gute Weine probieren.

Schöne, kilometerlange Sandstrände findet man an der Torre di Barisardo, einem der vielen Sarazenentürme an der Küste, die hier auch bei Surfern sehr beliebt ist.

Nach 65 km liegt links der SS 125 die kleine Kirche **San Nicolo di Quirra,** die einzige romanische Backsteinkirche Sardiniens. Von hier führt ein Weg hinauf zum **Castello di Quirra** ㊴ aus pisanischer Zeit, das die Grenze zwischen den beiden Judikaten Cagliari und Gallura markierte.

Vorbei an dem winzigen Quirra erreicht man Villaputzu und 4 km weiter **Muravera** (268 km), von wo aus man wieder ans Meer kommt. Weite Sandstrände charakterisieren die Küstenlandschaft.

3 Karte Seite 81

*Costa Rei ㊵

Wegweiser zeigen die Zufahrten zu den Feriensiedlungen an der kilometerlangen Costa Rei mit ihren wunderbaren Sandstränden. Sie sorgen mit Campingplätzen für hohe Bettenkapazität, sind aber im August ausgebucht.

i **A. A. S. T.,** Via Macchiavelli 3, I-09043 Muravera, Tel. 07 09 93 07 60, www.aast.muravera.ca.it.

Küstentürme bewachen die Insel

Eine dichte Kette so genannter Sarazenentürme reiht sich wie eine Perlenschnur entlang der sardischen Küste. Sie sind Bestandteil eines ausgeklügelten Verteidigungs- und Frühwarnsystems, das vorrangig im 16. und 17. Jh. von den Pisanern und Genuesen aufgebaut wurde. Die beiden rivalisierenden Seemächte besetzten in diesem Zeitraum Sardinien und trugen hier ihre Kämpfe um die Vorherrschaft im Tyrrhenischen Meer aus. Allein entlang der östlichen Inselhälfte zählt man zwischen dem südlichen Capo Spartivento und dem nördlichsten Zipfel der Gallura fast sechzig solcher Verteidigungstürme. Einige dieser von Wind und Wetter ausgebleichten Wachtürme sind noch sehr gut erhalten. Fast allen gemeinsam ist der nach oben versetzte, nur über eine Holzleiter erreichbare Einstieg, der bei einem etwaigen Angriff – sei es nun durch die ansässige Bevölkerung oder eine feindliche Macht – bessere Verteidigungsbedingungen bot.

Die Frauen in den Dörfern Sardiniens bleiben oft noch unter sich

Der schöne Strand von Villasimius außerhalb der Saison

3 Karte Seite 81

Ferienwohnungen und Hotels sind fast ausschließlich über Reiseveranstalter zu buchen, wie z. B. www.urlaubsanbieter.com, www.sardiniatravel.net. oder www.italien-feriendomizile.de

Campingplätze:

- **Porto Pirastu,** Loc. Capo Ferrato, Tel. 0 70 99 14 37, Fax 0 70 99 14 39.
- **Piscina Rei,** Loc. Piscina Rei, Tel. 0 70 99 10 89, Fax 0 70 99 10 96.
- **Capo Ferrato,** Loc. Costa Rei, Tel. und Fax 0 70 99 10 12.

Villasimius ㊶

Villasimius liegt schon an der Südküste, und zwischen der Punta Molentis, dem Capo Carbonara und dem Capo Boi erstrecken sich weite Sandstrände. Der Ort selbst hat sich von einem verschlafenen Nest zu einem Dorado für Hotels, Restaurants, Pizzerien und Souvenirläden gewandelt. Zwischen Juni und August pulsiert hier das touristische Leben.

Pro Loco, Via Umberto, Tel. 0 70 79 13 93.

Simius Playa, Via del Mare, Tel. 0 70 79 12 27, Fax 0 70 79 15 71, www.simiusplaya.com. Sehr ansprechende Hotelanlage mit Voll- und Halbpension, direkt am Meer. ○○○

- **Tanka Village,** Loc. Tanka Elmas, Tel. 0 70 79 51, Fax 0 70 79 70 08, www.atahotels.it. Die große Bungalowanlage mit Swimmingpools und Animationsprogramm sorgt für einen gelungenen Kluburlaub. ○○○
- **Stella d'Oro,** Via Vittorio Emanuele 23, Tel. 0 70 79 12 55. Hier wohnte schon Ernst Jünger. Mit Restaurant, in dem man in aller Ruhe hervorragende *malfatti*, hausgemachte Käseklößchen, genießen kann. ○○

Il Moro, an der Strada Statale (Richtung Cagliari). Köstliche sardische Spezialitäten wie Spanferkel oder deftige Grillwurst, aber auch Fisch und Meeresfrüchte. ○○

Zurück nach Cagliari

An der Küste reihen sich Ferienhäuser und Feriensiedlungen aneinander, die fast alle nur über Vermittlungsagenturen angeboten werden. Kurz vor Cagliari (335 km; s. S. 31) liegt Poetto, der 8 km lange Hausstrand der Cagliaresen (s. S. 38). Die Strecke von Villasimius bis Cagliari ist eine einzige Panoramafahrt, die phantastische Ausblicke über das Meer bietet.

TOUREN 1, 3 und 4
0
20 km
Golfo dell' Asinara
Gallura
Porto Torres
Castelsardo
Tempio Pausania
Calangianus
Olbia
Puerto Rotondo
Golfo Aranci
Genua
Livitavecchia
I. Tavolara
P.to S. Paolo
Telti
1359
P. Balistreri
Sedini
Perfugas
Anglona
Coghinas
Lago del Coghinas
Sennori
Sassari
Monti
S.Teodoro
Budoni
Posada
S.S. Trinità di Saccargia
S. Antioco di Bisarcio
Oschiri
F. di Posada
Riu Mannu
S. M. d. Regno
Ardara
Pattada
Budduso
Alghero
Ittiri
Mores
Ozieri
Siniscola
S. Lucia
Villanova
S. Pietro di Sorres
Torralba
Nur. S. Antine
Bono
Bitti
S. Andria Priu
Tirso
Orune
Orosei
Serra Orrios
Bosa
Suni
Nur. S. Barbara
Nuoro
Marina di Orosei
Silanus
Dorgali
Macomer
Nur. S. Sabina
Oliena
Sorg. su Gologne
Cala Gonone
Golfo del Orosei
Cuglieri
Marmolada
Orgosolo
Supramonte
Grotta del Bue Marino
Barbagia Ollolai
Abbasanta
Nur. Losa
Fonni
S. Caterina di Pittinuri
Cornus
Ghilarza
Lago Omodeo
Paulilatino
Sorgono
Baunei
Monti del' Gennargentu
S. Cristina
Stagno di Cabras
Bauladu
Busachi
Desulo
1834
S. Maria Navarrese
Lotzorei
Cabras
Aritzo
S. Giovanni di Sinis
Arbatax
Civitavecchia
Tortoli
Tharros
Golfo di Oristano
Oristano
Lanusei
Laconi
Arborea
Seui
Bari Sardo
M. Arci
812
Nurallao
Barbagia Seulo
Giara di Gesturi
Isilli
Uras
Barumini
Tertenia
Nur. su Nuraxi
Campidano
Orroli
Mandas
Sardara
Sanluri
Marina di Arbus
Trexenta
Pranu Mattedu
Castello di Quirra
Guspini
Costa Verde
Arbus
Senorbi
Balao
Flumendosa
Quirra
Gerrei
Villaputzu
S. Vito
Porto Corallo
Villacidro
Muravera
F. Mannu
Monastir
Dolianova
Nebida
Cixerri
Siliqua
Civitavecchia, Neapel
Iglesias
Quartu S.Elena
Capo Ferrato
Portoscuso
Stagni di Cagliari
V.gio di C. Ferrato
Flumini
Iglesiente
Cagliari
Costa Rei
Carbonia
Calasetta
S. Giovanni
Solanas
Villasimius
S. Antioco
Golfo di Cagliari
Capo Carbonara
Sarroch
Giba
I. di S. Antioco
Pula
Tunis, Palermo

3

Tour 4

Berge, Hirten und Banditen

Nuoro → *Oliena → Orgosolo → Fonni → *Aritzo → *Laconi → Senorbi → *Dolianova → Cagliari (238 km)

4 Karte Seite 81

Die Barbagia ist der raue und unwirtliche Teil von Sardiniens Landesinnerem. Hohe Bergzüge, unzugängliche Täler, endlos weite Kork- und Steineichenwälder, dichte Macchia, versteckte Höhlen und Grotten sowie eine mehr als schlechte Infrastruktur: So könnte man die Barbagia bis heute charakterisieren. Die wenigen weit verstreuten Dörfer wirken bei der Durchreise eher abweisend als einladend, auch die Menschen scheinen oft ebenso verschlossen wie die raue und unzugängliche Landschaft, in der sie leben.

Immer noch werden die Barbagia, Orgosolo und die Berge des Gennargentu in einem Atemzug mit dem *Banditismo* genannt. Spektakuläre, sich oft monatelang hinziehende Entführungsfälle tauchten wie Schreckgespenster immer wieder in den Schlagzeilen auf. Dabei war es oft die bittere Not, die die sardischen Bauern und Hirten veranlasste, nach eigenem Gesetz zu handeln. Ihren letzten großen und erfolgreichen Kampf fochten die Bauern der Barbagia 1969, als die NATO im Verbund mit Rom daranging, die Hochebene des Pratobello, das althergebrachte Weideland der Hirten von Orgosolo, zum Truppenübungsgelände umzufunktionieren.

Sardische Siedlungsarchitektur bei Oliena in der Barbagia

Wer sich auf den kurvenreichen Weg durch die Bergwelt der Monti del Gennargentu macht, benötigt viel Zeit und Ausdauer, denn die Kurven nehmen kein Ende. Entlohnt wird man dafür aber mit atemberaubenden Landschaftsbildern und Erlebnissen, die es nahe legen, diese einmaligen Impressionen auch durch kleine Spaziergänge und Wanderungen zu vertiefen. Deshalb ist man gut beraten, auf dieser Tour ein oder auch zwei Übernachtungen, etwa in Fonni oder Aritzo, einzuplanen.

*Oliena ㊷

Man verlässt Nuoro (s. S. 51) auf der SS 129 in Richtung Orosei, überquert nach wenigen Kilometern den Rio d'Oliena und erreicht schon bald das an den steilen und bleichen Hängen des **Supramonte** gelegene Bergdorf (12 km). Schon wenn man in dem 378 m hoch gelegenen Oliena aus dem Auto steigt, spürt man den rauen und oft etwas ruppigen Charme der Barbagia. Die Frauen tragen ihre schwarzen Kopftücher, die Männer hohe Schaftstiefel, Cordjacken und Schiebermützen und nicht selten auch ein Gewehr. Mit Fremden spricht man zunächst – wenn überhaupt – nur wenig, die Informationen sind kurz und auf das Nötigste beschränkt. Doch auf den zweiten Blick ist auch Oliena nicht mehr ganz so düster.

Das Bergdorf am Supramonte, dessen tiefe Schlucht fast bis ins Dorfinnere reicht, ist ein guter Ausgangspunkt für Wanderungen, Trekking- oder Mountainbiketouren durch die wilde Bergwelt, großartige Sehenswürdigkeiten darf man hier nicht erwarten.

Die Pfarrkirche **Santa Maria** (17. Jh.), ein barocker Bau am Hauptplatz, birgt eine Holzstatue des Ignazio di Loyola, des Gründers des Jesuitenordens, und erinnert damit an die Zeit der Jesuiten in Oliena. Die *murales,* die politisch motivierten Wandbilder der 1970er Jahre sind weitgehend verblasst. Man hat sich nun auch auf das neue Publikum eingestellt, was nicht zuletzt die Trattoria »CiKappa« beweist.

Am 21. August feiert der Ort mit einer Prozession das Fest des hl. Lussorio, seines Schutzpatrons. Bei einer Gelegenheit wie dieser kann man noch die bunten Trachten und den filigranen Goldschmuck der Frauen bewundern, manchmal tanzen die Bewohner des eigenwilligen Bergdorfes dann auch den *ballu tundu,* einen archaischen, im Gennargentu früher weit verbreiteten Rundtanz.

Bei **Cenceddu** und **Killedu** bekommt man eine rein sardische Speisekarte vorgesetzt, die so typische Spezialitäten wie *mathamene,* Innereien vom Milchlamm oder Kalb, führt. Natürlich gibt es auch andere sardische Gerichte, z. B. Wildbret oder kandierte Orangenschalen. Schließlich ist Oliena auch bekannt für seinen *Cannonau,* einen schweren, sehr kräftigen granatroten Wein der Spitzenklasse.

4 Karte Seite 81

Agriturismo – auch ein guter Speisetipp

Urlaub auf dem Bauernhof entwickelte sich in den letzten Jahren auch auf Sardinien, vornehmlich bei italienischen Touristen, zu einer beliebten Möglichkeit, seine Ferien einfach und kinderfreundlich auf dem Land zu verbringen.

Die Insel hält für alle, die sich Kontakt zu Einheimischen sowie eine naturnahe Urlaubsalternative wünschen, eine lange Liste der meist hervorragenden Agriturismo-Betriebe bereit. Oft beschränkt sich das Angebot auf drei oder vier Zimmer, also kann man auf einem sardischen Hof eine geruhsame Zeit verbringen. Tiere gehören einfach dazu: Oft darf man zusammen mit dem Hausherrn auf die Weide ziehen oder bei der Zubereitung eines leckeren sardischen Gerichts in der Küche zusehen. Ein bei uns weniger bekanntes Angebot des Agriturismo sind die meist an Wochenenden stattfindenden Festessen. Einige der Betriebe wandeln sich dann in richtige Trattorien mit typisch sardischen Gerichten und Weinen – natürlich aus frischen Zutaten vom eigenen Hof.

Consorzio Agriturismo di Sardegna, Casale Postale 107, I-09170 Oristano, Tel. 0 78 37 39 54.
Agriturist, Viale Trieste 6, I-09100 Cagliari, Tel. 0 70 66 83 30
www.agriturismo.net/sardinien

4
Karte Seite 81

Die Murales von Orgosolo, früher politisch motivierte Wandbilder, ...

... dienen heute meist zur Zierde

Pro Loco, Corso Vittorio Emanuele II., Tel. 07 84 28 76 12.

Monte Macchione, Loc. Monte Macchione, Tel. 07 84 28 83 63, Fax 07 84 28 84 73. Nettes, ruhiges Hotel mit Zeltplatz am Rand eines Steineichenwaldes. ○○

CiKappa, Via Martin Luther King, Tel. 07 84 28 80 24. Empfehlenswerte Trattoria mit einigen Fremdenzimmern. ○○

*Su Gologone ㊸

Mit einem besonderen Naturphänomen wartet die Quelle **Su Gologone** auf (in Richtung Dorgali, knapp 8 km von Oliena entfernt). Aus den karstigen Felswänden des Supramonte sprudeln hier ca. 300 l Wasser pro Sekunde. Sie ergießen sich in einen tiefen Teich, der von Schilf und Eukalyptusbäumen dicht umgeben ist.

Das zauberhaft am Flusslauf des Rio d'Oliena gelegene Hotel Su Gologone ist ein idealer Ausgangspunkt für Wanderungen in die karstige Bergwelt des Supramonte.

Zu den lohnendsten Zielen gehören im Tal von Lanaittu die **Grotta su Ventu** und die **Grotta da Oche** sowie die Ruinen des prähistorischen Dorfes in einer eingebrochenen Höhle des **Monte Tiscali.** Geführte Wanderungen werden vom Hotel organisiert.

Su Gologone, Loc. Su Gologone, Tel. 07 84 28 75 12, Fax 07 84 28 76 68, www.sugologone.it. Sowohl das geschmackvolle, mit bäuerlichen Antiquitäten eingerichtete Hotel als auch das bekannte Restaurant gehören zu den Highlights eines Sardinienaufenthalts. ○○○

Orgosolo ㊹

18 km kurvenreiche Fahrt entlang der Berghänge des 1463 m hohen Monte Corrasi sind zu bewältigen, ehe man das berüchtigte Hirtendorf in einem bewaldeten Kessel am Fuße des Monte Lisogorni (918 m) erreicht: Obwohl die Wälder im Südwesten des Dorfes von einer einzigartigen Fauna, nämlich Muflons, Wildkatzen, Siebenschläfern, Wildschweinen, Wieseln

und Füchsen bevölkert werden, obwohl sowohl Adler, als auch Sperber und Falken heimisch sind, wird Orgosolo immer im Zusammenhang mit dem *banditismo* erwähnt.

Zu den Spezialitäten Orgosolos und der Barbagia gehörten vor allem in den 1970er Jahren meist politisch motivierte Entführungen. Sie kommen auch heute noch vor. Die italienische Polizei hat im kaum zugänglichen Gebiet des **Gennargentu** mit seinen unzähligen, oft nur den Hirten bekannten Höhlen kaum eine Chance, Entführer und Entführte ausfindig zu machen. Wie bei der sizilianischen Mafia gilt in der Barbagia das Gesetz des Schweigens, kaum jemand würde der Polizei auch nur den leisesten Hinweis geben.

Eindrucksvoll schildert der 1961 entstandene und mehrfach ausgezeichnete Film »Die Banditen von Orgosolo« den Schlingerkurs zwischen Widerstand und Kriminalität, das entbehrungsreiche Leben der Hirten und die typischen auswegslos scheinenden Situationen, die sich aus dem stetig schwelenden Konflikt zwischen der willkürlichen Staatsgewalt und dem Hirtendasein ergeben.

Abgesehen von den *murales* an den Hausfassaden, den politisch motivierten Kunstwerken aus der Phase des erbitterten Widerstandes der 1960er und 1970er Jahre, bietet Orgosolo wenig Sehenswertes. Seine Pfarrkirche Antonia Mesina ist das Ziel zahlreicher Pilgerfahrten.

Sa'e Jana, Via E. Lussu, Tel. 07 84 40 24 37. Im neuen Ortsteil gelegenes modernes Hotel. ○○

Über eine schmale Bergstraße gelangt man von Orgosolo in den 644 m hoch gelegene Ort **Mamoiada,** weithin bekannt für seinen Umzug der *mammuthones.* Bei dem Riesenspektakel in der Faschingszeit werden die glockenbehangenen, mit zottigen Fellen und Holzmasken verkleideten Männer des Dorfes, die *mammuthones,* von ihren »Jägern« mit Seilen eingefangen. Nahe dem Ort ist die Wallfahrtskirche **Santissima Cosma e Damiano** Ende September Schauplatz eines großen, mehrtägigen Pilgerfestes.

In der Barbagia Ollolai bei Fonni

4 Karte Seite 81

Fonni ㊺

Kurven ohne Ende mit Ausblicken auf die kargen Hänge des Gennargentu führen in das Zentrum des sardischen Wintersports und in das mit 1 000 m höchstgelegene Dorf der Insel (73 km). Landschaftlich reizvoll sind die Wege auf den **Bruncu Spina,** den mit 1829 m zweithöchsten Gipfel Sardiniens. Eine etwa eineinhalbstündige Wanderung über einen Panoramaweg führt weiter zum höchsten Berg Sardiniens, dem 1834 m hohen **Punta Lamarmora.**

Als größter Ort im weiten Umkreis ist Fonni auch Zentrum der Vieh- und Weidewirtschaft der Barbagia Ollolai. Am ersten Wochenende im Juni findet hier das größte Fest der Region, die **Sagra della Madonna dei Martiri,** mit einer großen Prozession statt, bei der man die besonders kunstfertigen alten Trachten der Barbagia Ollolai bewundern kann.

Pro Loco, Fonni, Tel. 0 78 45 70 22.

Cualbu, Viale del Lavoro 21, Tel. 0 78 45 70 54, www.hotelcualbu.com. Gut ausgestattetes Hotel, das auch Exkursionen und Folkloredarbietungen organisiert. ○○

Abstecher nach Desulo

Abseits der Hauptstrecke liegt am Fuße der Punta Lamarmora Desulo, ein Ort, der vor allem wegen seiner farbenprächtigen roten Frauentrachten berühmt ist. Diese werden nicht nur an Festtagen getragen. Von Desulo aus bieten sich schöne Wanderungen in die Wälder der Umgebung an.

Gennargentu, Via Kennedy, Tel. und Fax 07 84 61 92 70. Ruhig gelegen. ○○

*Aritzo 46

Das 900 m hoch gelegene Bergstädtchen (120 km) am westlichen Massiv des Gennargentu ist ein beliebter Sommeraufenthalt für hitzegeplagte Städter aus Cagliari. Der steil gestaffelte hübsche Ort ist Ausgangspunkt für schöne Wanderungen, Trekkingtouren, Exkursionen mit Mountainbikes oder Ausritte zu Pferd.

Kunstliebhaber finden in der spätgotischen **Pfarrkirche** einige schöne Gemälde und Statuen aus dem 16. und 17. Jh. sowie ein kostbares Prozessionskreuz aus dem 14. Jh.

Im **Museo Etnografico** kann man die farbenprächtigen Trachten der Region bewundern (tgl. 9–13, 16 bis 18 Uhr). Zum vorabendlichen Bummel trifft man sich auf der Promenade.

Sa Muvara, Via Funtana Rubia, Tel. 07 84 62 93 36, Fax 07 84 62 94 33, www.samuvarahotel.it. Modern und gepflegt; ausgezeichnetes Restaurant mit traditioneller Küche. ○○

*Laconi 47

Wie Aritzo ist auch Laconi im Sommer ein begehrtes Ausflugsziel der Cagliaresen. Die Pfarrkirche des Ortes besticht durch ihren schönen gotisch-aragonesischen Campanile. Am Ortsrand liegt in einem prachtvollen Park mit exotischen Pflanzen das Castello Aymerich aus dem 15. Jh., von dem noch ein Turm erhalten ist.

Weiter geht es von Laconi über die SS 128 zum Dorf der Teppichweber, nach **Isili** (164 km). Hier kann man die deckenartigen, mit regional typischen Motiven geschmückten Wandteppiche erwerben.

Mandas 48

Bei Isili endet das Kerngebiet der Barbagia Seulo und man durchquert die sanfte Hügellandschaft des **Sarcidano,** bis man das landwirtschaftliche Zentrum Mandas erreicht. Hier teilt sich die »Grüne Eisenbahn«: Eine Route führt nach Sorgono, die andere an die Ostküste nach Arbatax. Ein Abstecher auf die Hochebene **Giara di Gesturi** (s. S. 56) mit den letzten frei laufenden Wildpferden bietet sich an.

In der urwüchsigen, einsamen Barbagia

4 Karte Seite 81

Bauernalltag in der fruchtbaren Trexenta bei Senorbi

4
Karte Seite 81

Senorbi ㊾ und Umgebung

Entlang den Gleisen der Schmalspurbahn führt die SS 128 weiter gen Süden nach Senorbi (193 km). Das kleine landwirtschaftliche Zentrum der **Trexenta** genannten Region ist wie Mandas ein beschauliches Dorf sowie ein wichtiger Kreuzungspunkt im kurvenreichen Straßennetz des Berg- und Hügellandes. Wer Zeit und Muße hat, sollte eine Tageswanderung durch die Trexenta-Region einplanen. Im weiteren Umfeld finden sich zahlreiche kleinere Nuraghen. Einen guten Einblick in die Prähistorie bietet dann die interessante Sammlung der bedeutendsten Exponate der archäologischen Fundstellen im **Museo Sa Domu Nosta** in Senorbi (Di–So 9–13, 16–19 Uhr, Tel. 07 09 80 90 71).

*Pranu Muttedu ㊿

In die Frühgeschichte Sardiniens führt auch das nächste Ziel, die Nekropole Pranu Muttedu, die man von Senorbi aus über die Straße nach San Basilio und Goni erreicht. Auf einer von Korkeichen bestandenen Hochebene fand man an die 60 Menhire und mehrere noch erstaunlich gut erhaltene Kammergräber aus der Zeit der Ozieri-Kultur (4.–3. Jt. v. Chr.), die wie die »Feenhäuser« in den Fels getrieben wurden.

Abstecher nach Dolianova ㊶

Der schnellste Weg nach Cagliari führt zurück auf die SS 128, die bei Monastir auf die »Carlo Felice« trifft.

Wer aber die Kurvenfahrt bis zum Ende durchstehen will, sollte noch den Abstecher auf der SS 547 nach Doliviana (216 km) einplanen und dort die dreischiffige Pfarrkirche ***San Pantaleo** besichtigen. Das von den Pisanern im 12. Jh. begonnene Gotteshaus wurde rund 100 Jahre später von arabischen Baumeistern fertig gestellt und im Innenraum im so genannten Mudejarstil ausgeschmückt, einer Vermischung maurischer und gotischer Elemente, welche die spanischen Eroberer auf der Insel einführten. Die auffallendsten Merkmale dieses Stils in der Pfarrkirche sind die hohen Blendbogen sowie die reich verzierten Konsolen am Hauptschiff und am Campanile.

Von Dolianova aus erreicht man schnell Cagliari (238 km; s. S. 31).

Tour 5

Einsame Strände, alte Bergwerke

Cagliari → **Nora → *Costa del Sud → **Isola di Sant'Antioco → *Isola di S. Pietro → *Monte Sirai → *Iglesias → *Tempio di Antas → **Costa Verde → *Oristano (360 km)

Die Fahrt von der Costa del Sud zur Isola di Sant'Antioco führt am wohl schönsten Küstenabschnitts Sardiniens entlang. Endlose Sandstrände, immer wieder durchbrochen von felsigen Abschnitten der mit Sarazenentürmen bewachten Steilküste, machen die Costa del Sud zu einem schon fast karibisch anmutenden Traumparadies.

Lohnende Etappenziele sind die punische Stadt Nora, das antike Sulcis oder die Stagni mit den rosa Flamingos und die Inseln Sant'Antioco und San Pietro, wo man selbst in der Hochsaison noch einsame Strände findet. Im Sulcis hingegen sieht man die Wunden, die hier 2000 Jahre Bergbau hinterlassen haben. In kurvenreicher Fahrt geht es dann weiter von Iglesias zur Costa Verde nach Oristano, der jüngsten Provinzhauptstadt Sardiniens. Veranschlagen Sie zwei bis drei Tage für die Strecke.

Am besten verlässt man Cagliari (s. S. 31) in Richtung *aeroporto*, um dann den Wegweisern der SS 195 nach Pula zu folgen. Auf einer großen Betonbrücke überquert man den **Stagno di Cagliari,** den größten Küstensee Sardiniens. Hier drängen sich Hafen- und Industrieanlagen sowie

Nora: phönizisch-punisch-römische Ruinenstadt

der zivile und militärische Flughafen, zudem verlaufen Schnellstraßen kreuz und quer durch das ökologisch bedeutsame, im Interesse des Wirtschaftswachstums fast zerstörte Feuchtgebiet. Bald zeichnet sich die Skyline von **Sarroch** ab, dem petrochemischen Zentrum Südsardiniens. Die gewaltigen Raffinerien lassen keinen Zweifel daran, welche Präferenzen man leider auch am Golfo degli Angeli, dem »Engelsgolf«, gesetzt hat.

5 Karte Seite 91

*Pula ㊾

Pula (35 km), etwa 2 km von der Küste entfernt, hat sich durch die touristische Erschließung der Küstenregion um Santa Margherita zu einem beliebten Ferienort gewandelt. Alte Bausubstanz wurde restauriert, und rund um die Piazza Popolo finden sich in den verwinkelten Gassen viele nette Geschäfte, Restaurants und Bars.

**Nora ㊿

Nora war die erste Niederlassung der Phönizier auf der Insel. Um etwa 1000 v. Chr. gegründet, war sie ab dem 5. Jh. v. Chr. ein wichtiges phönizisch-punisches Handelszentrum mit drei

Häfen, zeitweise sogar bedeutender als das antike Karali (heute Cagliari). 240 v. Chr. eroberten die Römer Nora und errichteten ihre eigene Stadt. Dann versank Nora nach und nach im Meer und wurde im frühen Mittelalter wegen der ständigen Überfälle durch Piraten aufgegeben.

Die heutige Ruinenstadt in einmaliger Lage direkt am Meer bewahrt u. a. noch Überreste eines punischen Tempels, das gut erhaltene römische **Amphitheater** sowie einen Tempel und ein wunderschönes Bodenmosaik aus römischer Zeit (tgl. 9–17 Uhr, im Sommer bis 19.30). Im Sommer bietet das Amphitheater von Nora ein stimmungsvolles Ambiente für die Dichterlesungen unter dem Motto *La notte dei poeti,* und auf der Piazza Popolo in Pula sorgen ein Open-air-Kino, Musik- und Kulturveranstaltungen für Stimmung. Mit der Eintrittskarte für Nora kann man auch das **Museo Archeologico** am Corso Vittorio Emanuele 69 in Pula besuchen, das Fundstücke aus Nora zeigt; die interessantesten, wie die Stelen des phönizisch-punischen Tempels, sind aber im Museo Archeologico Nazionale in Cagliari (s. S. 38) zu sehen.

Gleich beim großen Parkplatz bei Nora liegt das aus dem 11. Jh. stammende Kirchlein **Sant'Efisio,** das dem Schutzpatron von Cagliari geweiht ist.

Lebendiges Brauchtum

Jedes Jahr findet in Nora zwischen dem 1. und 4. Mai die ***Sagra di Sant'Efisio** statt, das größte und bedeutendste volkstümliche Fest Sardiniens. Von Cagliari aus wird in einer farbenprächtigen Prozession die Statue des Heiligen, begleitet von Gruppen aus ganz Sardinien, zur Kapelle von Nora getragen und am nächsten Tag wieder zurück. Zu diesem festlichen Anlass werden die lokalen Trachten getragen.

5
Karte Seite 91

Santa Margherita 54

Der Küstenabschnitt rund um den Ferienort ist auf einer Länge von etwa 10 km touristisch erschlossen. Direkt hinter den weiten Sandstränden gruppieren sich in Pinien- und Eukalyptushainen die Bungalowanlagen, Campingplätze und Nobelhotels.

i **Pro Loco,** Centro Culturale »casa Frau«, Piazza del Popolo, I-09010 Pula, Tel./Fax 0 70 92 45 25 0 www.prolocopula.it

Forte Village, Fraz. Santa Margherita, Tel. 07 09 21 71, Fax 0 70 92 12 46, www.fortevillage resort.com. Das riesige Feriendorf mit allein 12 Restaurants bietet alles, was zu einem Kluburlaub gehört: Tennis, Surfen, Reiten, Fitnesscenter und Diskothek. ❍❍❍

▮ **Is Molas Golf Hotel,** Fraz. Santa Margherita, Tel. 07 09 24 10 06, Fax 07 09 24 10 02, www.ismolas.it. Sämtlicher nur erdenklicher Luxus und ein wunderbarer 18-Loch-Golfplatz. ❍❍❍

Campingplatz: Camping Flumedosa, Fraz. Santa Margherita, Tel. 07 09 20 83 64, www.camping-flumendosa.it. Einfacher, aber netter Campingplatz mit einem schönen weißen Sandstrand.

Su Guventeddu, Baia di Nora, Pula, Tel. 07 09 20 90 92. Hervorragende sardische und maritime Küche zu angemessenen Preisen. ❍❍

*Torre di Chia

Hinter Santa Margherita zweigt die Küstenstraße nach Chia ab. Der Ort, benannt nach einem Sarazenenturm an der Küste, besteht aus nur wenigen Häusern und den Resten der punisch-römischen Stadt Bithia. Aber er hat einen wunderschönen Strand.

Grand Hotel Chia Laguna, Fraz. Chia, Domus de Maria (CA) Tel. 07 09 23 91, Fax 07 09 23 01 41, www.lemeridien.com Exklusive Hotelanlage. ○○○

Campingplatz: Camping Torre Chia, Fraz. Chia, Tel. 07 09 23 00 54. Fax 07 09 23 00 55. Campingplatz am Strand, mit Bungalows.

*Costa del Sud

Zwischen Chia und Porto Teulada folgt die Straße der wunderschönen Costa del Sud: Immer wieder eröffnen sich kleine, von tiefblauem Meerwasser

5 Karte Seite 91

umspülte Buchten mit leuchtend weißen Sandstränden. Bis auf zwei Appartementblocks ist diese Küstenregion noch weitgehend unerschlossen. In **Porto Teulada,** dem Hafen des gleichnamigen Dorfes im Landesinneren, führt die Straße wieder auf die SS 195 zurück.

Die hohen Sanddünen, die sich in mehreren Reihen bis ins Hinterland ziehen, und die konstanten Winde am Capo Spartivento haben Chia zu einem wahren Pilgerziel für Surfer werden lassen. Feriensiedlungen wachsen wie Pilze aus dem Boden, und bald wird es mit der Einsamkeit an der Costa del Sud wohl vorbei sein.

*Grotta Is Zuddas ㊺

5 Karte Seite 91

Teulada (80 km) ist heute gemeinsam mit **Santadi** eines der landwirtschaftlichen Zentren der südlichen Sulcis-Region. Sehenswert ist hier vor allem die Grotta Is Zuddas ca. 15 km nördlich von Teulada, die zu den größten und vielgestaltigsten Höhlen auf Sardinien zählt (Mai–Sept. tgl. 9–12, 14.30 bis 19 Uhr, sonst 12–16 Uhr).

**Isola di Sant'Antioco ㊻

Sant'Antioco

Eine 3 km lange künstliche Landzunge verbindet Sardinien mit Sant'Antioco. Der lebhafte Hafen wurde an der Stelle der alten punischen Stadt Sulki oder Sulcis errichtet, von der sich der heutige Name der Sulcis-Region des Iglesiente ableitet. Aus damaliger Zeit ist noch die ****punische Nekropole Sulcis** am nördlichen Ortsende erhalten (der Weg ist ausgeschildert). Die Anlage geht auf das 9. oder 8. Jh. v. Chr. zurück, als die punischen Landesherren die Minen ausbeuteten und Erze und Metalle von der alten Stadt Sulcis aus verschifften. Die Toten wurden hier in zahlreichen in den Fels getriebenen Gruften und Grabkammern bestattet, die durch ein Labyrinth aus unterirdischen Gängen verbunden sind. Die römischen Eroberer übernahmen die Nekropole, bestatteten aber ihre Toten nicht in der Hockstellung, sondern liegend.

Die Hauptsehenswürdigkeit der Anlage ist ein *tophet,* an dem die Phönizier angeblich erstgeborene Kinder geopfert haben sollen. Etwa 400 Urnen mit Kinder- und Tierknochen wurden bei der Opferstätte gefunden (tgl. 9–12, 15–19.30 Uhr). Die Eintrittskarte gilt auch für das gegenüberliegende Museum, in dem einige Ausgrabungs-

3000 Jahre Bergbau

Seitdem Eroberer auf die Insel kamen, waren die Bergwerke der Sulcis-Region des Iglesiente einer der wichtigsten Gründe, sich auf Sardinien niederzulassen. Denn hier gab es Metall, Silber, Kohle, Aluminium. Es waren die Phönizier, die hier erste Häfen und Städte errichteten, die Punier und Römer folgten ihnen ebenso wie die Spanier und die Italiener, die hier meist zu ihrem eigenen Vorteil Raubbau betrieben.

Auch Mussolini träumte davon, mit der Sulcis-Kohle das italienische Festland energiepolitisch vom Ausland unabhängig zu machen. In den Dreißigerjahren ließ er noch die Stadt Carbonia gleichsam als Symbol des erfolgreichen faschistischen Konzeptes aus dem Boden stampfen. Bergbau war also seit Menschengedenken Broterwerb im

funde meist aus punischer, aber auch aus römischer Zeit zu sehen sind.

Bei einem Stadtbummel sollte man in die Pfarrkirche ***Sant'Antioco** einen Blick werfen. Sie wurde im 12. Jh. von Benediktinern aus Marseille über den Resten eines älteren Vorgängerbaus errichtet. Vom stimmungsvollen Innenraum führt eine Treppe hinunter zu den Katakomben mit den Resten punischer Kammergräber sowie frühchristlichen Wandmalereien, die v. a. durch ihre Farben beeindrucken.

*Calasetta

Der zweite Hafen der Insel erinnert mit seiner quadratischen Straßenführung und den nach außen abgeschotteten Wohnhäusern stark an nordafrikanische Siedlungen – Calasetta wurde denn auch von italienischen Rückkehrern aus Nordafrika gegründet, und so ist das hier in den Restaurants angebotene *casca* nichts anderes als ein tunesisches *kuskus*. In der Umgebung von Calasetta wie auch an der Westküste von Sant'Antioco kann man entspannt einen ruhigen Sommerurlaub genießen. Hier spürt man nichts von organisiertem Strandleben und programmierter Freizeitgestaltung.

i **Pro Loco,** Piazza de Gasperi, Sant'Antioco, Tel. 0 78 18 20 31.

Fährverbindungen: Isola di San Pietro, Fahrzeit ca. 30 Min., tgl. 10–20 Verbindungen, www.saremar.it

Sulcis. Mitte der Sechzigerjahre begann die Krise, und die Minen mussten eine nach der anderen schließen. Doch es sollte noch schlimmer kommen: 1991 war ein sehr schweres Jahr im Bergbaugebiet des Iglesiente, denn trotz versprochener Subventionen in Milliardenhöhe hatten sich die Betreiber der letzten Kohlenmine in Nuraxi Fili entschlossen, wegen mangelnder Rentabilität zu schließen.

Die letzten Bergleute im krisengeschüttelten sardischen Bergbau reagierten sofort – ihnen blieb auch nichts anderes übrig. Mit dem Mut der Verzweiflung und wenig Aussicht auf Erfolg gingen sie in den Kampf. Man schloss sich unter Tage ein, verminte die Schächte und drohte, alle Anlagen samt Bergleuten in die Luft zu sprengen. Trotz zäher Verhandlungen hatten sie wenig Erfolg, die Mine wurde als letztes italienisches Kohlebergwerk geschlossen. Die Lage war hoffnungslos. Erst 1996 sollte wieder ein Silberstreifen am Horizont erscheinen. Atomstrom herzustellen ist in Italien derzeit ein eher brisantes Thema, was liegt also näher, als die alten Gruben wieder in Betrieb zu nehmen?

Die stark schwefelhaltige Sulcis-Kohle wird jetzt in einem Kohlevergasungswerk in Cagliari umgewandelt und zur Energiegewinnung genutzt. Auch dieses Mal kommt das Geld vom Festland. Neben dem italienischen Staat und seinen Fördermitteln für den Mezzogiorno ist es die deutsche Ruhrgas AG, die mit 770 Mio. Mark ins Geschäft eingestiegen ist. Den Bergleuten aus dem Iglesiente ist es zunächst egal – Hauptsache, es gibt Arbeit, das heißt Lohn und Brot.

5 Karte Seite 91

Stella del Sud, Spiagga Grande, Calasetta, Tel. 07 81 81 01 88 Fax 07 81 81 01 48. Schön und ruhig gelegenes Ferienhotel an der Westküste, mit Swimmingpool. ❍❍

▮ **Fiby,** Via Solferino, Calasetta, Tel. 0 78 18 84 44, Fax 07 81 88 70 89. Einfaches Hotel mit Familienanschluss im Herzen von Calasetta. ❍

Da Pasqualino, Calasetta, Via Roma 99, Tel. 07 81 88 47. Bekannt für Spezialitäten wie *casca* oder *pardule* (Ricottaklößchen). ❍❍

11 *Isola di San Pietro 57

Die Insel erreicht man mit der Fähre von Portovesme (45 Min). Ausgangspunkt eines Spaziergangs durch den Hauptort **Carloforte** ist die palmenbestandene Hafenpromenade. Über Treppen und verwinkelte Gassen führt der Weg zum Viertel Castello und zum Forte Carlo Emanuele III. Der kurzen Präsenz des Königs verdankt Carloforte seine Existenz: Als die genuesisch besetzte Insel Tabarka vor der tunesischen Küste im 18. Jh. aufgegeben wurde, siedelten sich deren Bewohner hier an. Im Frühjahr findet im Norden der Insel die *mattanza* statt, das blutige Schauspiel der Thunfischjagd.

Eine Rundfahrt zum westlichen Aussichtpunkt am Leuchtturm oder an der Küstenstraße entlang zur Ostküste lässt die grüne Landschaft genießen, in die kleine, fast spanisch anmutende Fincas und Landgüter eingebettet sind. V. a. die östlichen Steilklippen gelten als Hauptbrutgebiet der endemischen Eleonora-Falken, einer heimischen, fast ausgestorbenen Falkenart.

Pro Loco, Corso Taliafico, Tel. 07 81 85 40 09.

5 Karte Seite 91

Brandopferstätte am Monte Sirai

Galman, Loc. Bellavista, Tel. 07 81 85 20 88, Fax 07 81 85 01 04, www.carloforte.it/hotelgalman. Nur in den Sommermonaten geöffnet; am Strand. ❍❍

▮ **California,** Via Cavalerra 5, Tel. 07 81 85 44 70. Einfache und billige Möglichkeit, mitten in Carloforte zu übernachten. Nur in den Sommermonaten geöffnet. ❍

*Monte Sirai 58

Mit der in regelmäßigen Abständen verkehrenden Fähre setzt man von Carloforte auf die Hauptinsel über nach **Portovesme,** dem Industrie- und Verladehafen für die Kohleminen von Nuraxi Figus. Von hier fährt man nun zunächst in Richtung Carbonia.

Etwa 4 km vor dieser »Kohlenstadt« im Herzen des Sulcis liegt rechts der Straße der ***Monte Sirai.** Der knapp 200 m hohe Plateaurücken war bereits im 7. Jh. v. Chr. eine befestigte Garnison der Phönizier. Die erhöhte Hügellage bot eine optimale strategische Position, sowohl gegen das nahe gelegene Meer als auch gegen das bergige Hinterland. Von den Überresten dieser Garnison sind die Tempelanlage mit Freitreppe und die Brandopferstätte von Interesse sowie die Felskammergräber der Nekropole.

*Iglesias (59)

Das Bergbaustädtchen (204 km) erreicht man vom Monte Sirai aus in ca. 30 Minuten über die gut ausgebaute SS 126. Es ist ein hübsches kleines Binnenstädtchen mit rund 30 000 Einwohnern, das sich in den letzten Jahren trotz des wirtschaftlichen Niedergangs der Bergbauindustrie dank eines Sanierungsprogramms der Altstadt zu einem recht ansehnlichen Ort gemausert hat. Dicht gedrängt reihen sich hier die Bürgerhäuser mit ihren blumengeschmückten Eisenbalkonen aneinander – sichtbarer Ausdruck des in früheren Jahrhunderten erworbenen Reichtums.

Hauptattraktion ist die aus dem 13. Jh. stammende ***Catedrale Santa Chiara.** Die mit Blendarkaden verzierte Fassade (16. Jh.) fügt sich harmonisch in das Gesamtbild der **Piazza Municipio** mit ihren schönen Palazzi ein, der mehrfarbige Sandsteinturm wirkt wie ein Puzzle aus den geologischen Formationen der Umgebung von Iglesias. Im Inneren überwiegen spanisch-katalanische Einflüsse wie die Kreuzrippengewölbe, der prachtvolle vergoldete Seitenaltar und die von Sternen überzogene Decke des Längsschiffs.

Iglesias beherbergt mit dem **Istituto Tecnico Industriale** eine Hochschule für Bergbau. Für geologisch Interessierte ist das ihr angegliederte **Museo Mineralogico** in der Via Roma 45, mit einer breit gefächerten Sammlung von Mineralien, Edel- und Halbedelsteinen, sicher eine Entdeckung wert (Öffnungszeiten: Mo–Fr nach Voranmeldung, Tel. 07 81 22 304).

Ein Ausflug von Iglesias führt an die steile Felsenküste von **Nebida** und **Buggeru.** Die meisten Bergwerke und Arbeitersiedlungen sind bereits verlassen, nur noch bei Buggeru hört man das Dröhnen der Presslufthämmer im harten Granit der Steinbrüche. Die Straßenführung und die einmalig schönen Ausblicke auf die Westküste machen diesen Ausflug zu einem besonderen Erlebnis.

Associazione Culturale Etnos, Via Veneto 107, Tel./Fax 07 81 43 137. Hier werden auch geführte Exkursionen in die Minen der Umgebung angeboten.

Artu, Piazza Quinto Stella, Tel. 0 78 12 24 92, Fax 0 87 12 25 46, www.hotelartu.it. Eher einfaches Hotel, in dem vor allem Geschäftsreisende absteigen. ❍❍

Von *Iglesias nach Guspini

Die Straße von Iglesias über Guspini und die Costa Verde nach Oristano zeichnet sich, nahezu schon typisch sardisch, durch unzählige Kurven aus. Die SS 126 verläuft hinter den beiden Stauseen Lago Monteponi und Lago Punta Gennarta durch die einsamen Korkeichenwälder und unwegsame Macchia am Fuße des 1236 m hohen Monte Linas vorbei. Die wenigen Hütten und Unterkünfte, auf die man hier trifft, gehören Ziegenhirten, die mit ihren Herden durch das unwegsame Bergland streifen.

*Tempio di Antas (60)

Nach etwa 15 km kann man rechts die Säulenreste dieses Tempels entdecken. Das ursprünglich punische Heiligtum aus dem 6. Jh. v. Chr. war dem Gott Sid geweiht. Die teilweise restaurierte Anlage stammt aus dem 3. Jh. v. Chr. Die Römer bauten hier einen Tempel zu Ehren des Sardus Pater. Bei dem »Gott der Sarden«, dem Urvater aller Sarden, handelt es

5 Karte Seite 91

sich um eine Adaption des punischen Gottes Sid, dessen Name ins Lateinische transferiert wurde. Dass die Römer das Heiligtum von den Puniern übernommen haben, wird durch die hier gefundenen Inschriften und durch die Abweichung der sonst üblichen Ostausrichtung deutlich. Von den Puniern stammen die Reinigungsbecken. Die stark zerstörte Tempelanlage wurde erst in den letzten Jahrzehnten restauriert. Dank seiner einsamen Lage ist das Gelände ein ruhiger und stimmungsvoller Zwischenstopp auf der einsamen Slalomstrecke.

10 km vor **Fluminimaggiore** führt eine Asphaltstraße zur **Grotta Su Mannau,** die mit einem Höhlensee aufwarten kann. Zwischen Mai und September finden Führungen statt.

Fluminimaggiore und, ein ganzes Stück weiter, **Arbus** sind zwei kleine ländliche Ansiedlungen, deren Bewohner vor allem im Bergbau und in der Landwirtschaft tätig sind. Das Leben hier in den Dörfern ist recht einfach und bescheiden.

Guspini (257 km) ist vor allem als Durchgangsort zur Costa Verde von Bedeutung. Hier verlässt man die SS 126 und fährt hinunter zum Meer.

12 **Costa Verde 61

Der Küstenstreifen erstreckt sich von der südlichen Punta Mumullonis (499 m) bis Montevecchio Marina. Er ist weitgehend unerschlossen, und nur in Montevecchio Marina, Marina di Arbus und Riu Piscinas mit dem nostalgischen Hotel Le Dune hat in sehr bescheidenem Umfang der sommerliche Badetourismus Einzug gehalten. Ansonsten findet man hier nur einen äußerst einfachen Campingplatz, wo man auch sehr bescheidene Holz- oder Wellblechhütten mieten kann, sowie im Sommer einige Strandbars. Dieses so ganz und gar nicht urlaubsfreundliche Umfeld hat seinen unschätzbaren Vorteil.

Riesige Sanddünen bei Torre di Corsari: eine der Attraktionen an der Costa Verde

Die Costa Verde gilt als eine der besonders schützenswerten Küsten Italiens. Berühmt ist sie vor allem wegen ihrer bis zu 50 m hohen Sanddünen. Die noch unberührten Strandabschnitte sind bedeutende ökologische Refugien, die es unbedingt zu schützen gilt. Hier lebt zwischen der Mündung des Riu Piscinas und dem Capo Pecora noch die im Mittelmeer fast ausgestorbene Unechte Karettschildkröte *(Caretta caretta)*.

Le Dune, Via Bau 1, Fraz. Ingurtosu, Tel. 0 70 97 71 30, www.hotelledune.it. Das frühere Gästehaus der Bergbaugesellschaft besitzt einen nostalgischen Charme; eigenes Restaurant. ○○

Campingplatz: International Camping Costa Verde, Loc. Marina di Arbus, Tel. 0 70 97 70 09.

Golfo di Oristano

Für die Weiterfahrt nach Oristano ist von der Costa Verde aus die Straße nach Sant' Antonio di Santadi zu empfehlen. Abzweiger führen zum Punto Palma sowie zur Torre dei Corsari, sofern man noch einmal die einzigartigen Sanddünen dieses Küstenabschnitts genießen will. Bei **Sant'Antonio di Santadi** erreicht man dann den Stagno di San Giovanni sowie die Ausläufer der fruchtbaren **Campidano-Ebene,** eine Landschaft, die an die Po-Ebene erinnert. Mit Pappeln gesäumte Kanäle, deren Wasserstände

5 Karte Seite 91

durch kleine Schleusen geregelt werden, durchziehen im Schachbrettmuster diese fruchtbare, landwirtschaftlich genutzte Ebene. Dichte Schilfgürtel umgeben die Ufer der *stagni,* in denen man im Winter die rosaroten Flamingos im flachen Brackwasser beobachten kann. Stichstraßen führen von der Hauptstraße ab zu den flachen Sandstränden des **Golfo di Oristano.** Ähnlich wie an der Costa Verde ist die Uferregion nur in den Spitzenmonaten Juli und August von bade- und sonnenhungrigen Touristenscharen bevölkert.

*Oristano 62

5 Karte Seite 91

Vorbei am Stagno di San Giovanni, erreicht man die freundliche, dörflich anmutende Stadt (360 km). Sie ist erst seit 1974 Hauptstadt der gleichnamigen Provinz, eine Tatsache, die den Bürgern Olbias ein Dorn im Auge ist. Oristano wurde im 11. Jh. von Flüchtlingen aus Tharros gegründet, die sich vor den zunehmenden Sarazenenüberfällen ins Landesinnere zurückzogen. Der fischreiche *stagno* und das fruchtbare Hinterland boten gute Bedingungen für die wirtschaftliche Entwicklung dieser Region, und bald war Oristano ein bedeutendes Handelszentrum des Judikats Arborea.

Besondere Verehrung wird noch heute Eleonora d'Arborea zuteil, der bedeutenden Richterin des Judikats, das sie 1383 von ihrem Vater übernahm. Das von ihr verfasste Zivil- und Strafgesetzbuch, die berühmte *carta de logu,* war auf ganz Sardinien gültig und wurde 1827 aufgehoben (s. S. 19 und 23).

Einen Bummel durch die gepflegte Altstadt beginnt man am besten auf der **Piazza Roma,** einem mit schattigen Bäumen bestandenen Stadtplatz, der von der Torre San Cristofero aus dem 13. Jh. beherrscht wird. Man schlendert durch die Fußgängerzone des Corso Umberto zur **Piazza Eleonora** mit dem Standbild der Richterin und der Kirche San Francesco. Sie birgt das berühmte ***Nikodemus-Kruzifix** eines unbekannten Meisters aus dem 14. Jh., das aufgrund seiner realistischen Darstellung des leidenden Christus die Künstler der Insel immer wieder zur Nachahmung angeregt hat. Weiter geht man nun zum mächtigen **Dom,** der mit einem frei stehenden, achteckigen Glockenturm überrascht. Der Kuppelbau aus dem 12./13. Jh. wurde im 18./19. Jh. stark barockisiert, auch im Kircheninneren herrscht spanisch-barocke Üppigkeit.

Etwas versteckt beim Stadttheater liegt in der Via Parpiglia, Ecke Piazza Carrios das ***Antiquarium Arborense,** das interessante Funde aus der Nuraghenzeit und aus der nahen punisch-römischen Stadt Tharros bewahrt (tgl. 9–14, 15–20 Uhr, Tel./Fax 07 83 79 12 62).

i **Pro Loco,** Via Vittorio Emanuele 8, Tel. 0 78 37 06 21, Fax 0 78 33 03 212.
▮ **E.P.T.,** Via Cagliari 278, Tel. 07 83 74 191, Fax 07 83 30 25 18

Mistral, Via XX Settembre 2, Tel. 07 83 21 03 89, Fax 07 83 21 10 00. Modern, aber laut. ❍❍❍
▮ **Piccolo Hotel,** Via Martignano 19, Tel. 0 78 37 15 00. Einfaches 16-Zimmer-Hotel. ❍

Craf, Via de Castro 34. Kleines Restaurant, das traditionelle sardische Gerichte mit Wurst, Fleisch und Pilzen serviert. ❍❍
▮ **Il Caminetto,** Via Cesare Baltisti 8, Tel. 07 83 39 11 39. Das Lokal für

In traumhafter Lage direkt am Meer erstreckt sich das antike Tharros

Fischgerichte und Muscheln schlechthin, Trotz einfachem Ambiente die Adresse rund um Oristano. ❍❍

Ausflug zur *Halbinsel Sinis

Auf dem Weg zur Halbinsel kommt man an der Wallfahrtskirche ***San Salvatore** vorbei; das romanische Kirchlein ist umgeben von kleinen Pilgerhäusern. Über einem ehemaligen nuraghischen Brunnenheiligtum, das später auch als Hypogäum, als Kultraum, für den christlichen Kult genutzt wurde, steht die Kirche. In dem ungewöhnlichen unterirdischen Raum finden sich an den feuchten Wänden Reste spätantiker Fresken.

Anfang Mai ist San Salvatore das Ziel der Gläubigen, die hier das Fest des Erlösers feiern. Die beschauliche Umgebung von San Salvatore diente in den großen Zeiten des Italowestern häufig als Filmkulisse.

Bevor man Tharros erreicht, liegt rechts der Straße eine der ältesten Kirchen Sardiniens, ***San Giovanni Battista di Sinis** (5. bis 6. Jh.). Die schlichte Fassade und der archaisch anmutende Innenraum, der von einem Tonnengewölbe überfangen wird, sind byzantinischen Ursprungs.

**Tharros 63

Vorbei an üppigen Wiesen und Feuchtgebieten kommt man nun zur Küste und zur punisch-römischen Stadt Tharros. Die schon in phönizischer Zeit gegründete Stadt wurde von den Puniern und dann von den Römern besiedelt, bis die Bewohner im 11. Jh. wegen der Sarazenenüberfälle weiter ins Landesinnere zogen.

In einmalig malerischer Lage am Meer kann man in Tharros durch die Ruinenfelder der antiken Stadt schlendern, Reste der Wasserleitung, Thermen, Bäder, Tempel und Theater besichtigen. Auffällig ist die in der Mitte der Straße verlaufende Kanalisation, die einst die Abwässer der umliegenden Häuser entsorgte. In der punischen Nekropole fand man ebenso wie in Sulcis eine große Anzahl Kindergräber, daneben aber auch Römergräber, die bis aufs 5. Jahrhundert zurückdatieren.

5
Karte Seite 91

Infos von A–Z

Ärztliche Versorgung

Gesetzlich Versicherte haben Anspruch auf kostenlose ärztliche Versorgung gegen Vorlage des Auslandskrankenscheins E 111. Wer Ärzte und Medikamente bar bezahlt, braucht für die Erstattung genaue Rechnungen. Ganz sicher geht man mit einer privaten Auslandskrankenversicherung

Autofahrer

Führerschein, Fahrzeugschein, Nationalitätskennzeichen (D, A, CH) sowie grüne Versicherungskarte sollte man mitführen. Auf Autobahnen ist das Licht einzuschalten. Eine Warnweste ist Pflicht. Pannenhilfe ist für Mitglieder der Automobilklubs kostenlos. Informationen (auch auf Deutsch) unter Tel. 1 16.

Busverkehr

Das Nah- und Fernverkehrsbusnetz funktioniert ausgezeichnet, in größeren Städten verkehren Linienbusse. Die wichtigsten Linien sind die blauen Busse der ARST *(Azienda Regionale Sarda Transporti),* die auch Dörfer anfahren. Überregionale Schnellbusse von PANI, Tormutravel und Freccia Catalana verbinden die größeren Städte. Die Bahnbusse der SFS (*Strade Ferrate Sarde*) und der FCS (*Ferrovie Complementari della Sardegna*) ergänzen die Schmalspurbahnen Alghero–Sassari–Tempio und in der Barbagia.

Camping

Sardinien verfügt über viele, recht unterschiedlich ausgestattete Campingplätze, die oft nur von Mai bis Ende September geöffnet sind. Informationen bei ESIT in Cagliari, Via Mameli 97, bei den Informationsbüros vor Ort oder im Internet unter www.esit.net

Einkaufen

Qualitätsprodukte, z. B. Stickereien, Keramik, Schmuck und Teppiche zu einem reellen Preis-Leistungs-Verhältnis bieten die Läden der Kooperative ISOLA (Adressen s. S. 39, 44, 48) an.

Feiertage

Gesetzliche Feiertage sind:

- 1., 6. Januar
- Ostermontag
- 25. April (Nationalfeiertag)
- 1. Mai, 15. August (»Ferragosto«)
- 1. Sonntag im Juni (Tag der Republik)
- 1. November
- 8. Dezember
- 25./26. Dezember.

Einen sardischen Festkalender erhält man bei ESIT in Cagliari.

Information

Die Touristeninformationsbüros sind unter den Orten aufgeführt. Prospekte kann man unter der Internet-Adresse www.visititaly.de anfordern bzw. Online-Informationen unter www.enit.it abrufen. Bei den Staatlichen italienischen Fremdenverkehrsämtern ENIT erhält man ebenfalls Infomaterial:

- **Deutschland:** D-10178 Berlin, Karl-Liebknecht-Straße 34, Tel. 0 30/2 47 83 97, Fax 2 47 83 99; D-60329 Frankfurt/M., Kaiserstr. 65, Tel. 0 69/23 71 09, Fax 23 28 94; D-80333 München, Lenbachplatz 2, Tel. 0 89/53 13 17, Fax 53 42 27;
- **Österreich:** A-1010 Wien, Kärntner Ring 4, Tel. 01/5 05 16 39, Fax 5 05 02 48;
- **Schweiz:** CH-8001 Zürich, Uraniastr. 32, Tel. 01/2 11 36 33, Fax 2 11 38 85.
- **Sardinien:** ESIT (Ente Sardo Industrie Turistiche), I-09125 Cagliari, Via Mamelli 97, Tel. 0 70/60231, Fax 664636; EPT (Enti Provinciali Per Il Turismo) in Cagliari, Oristano, Nuoro, Sassari; A. A. S. T. in größeren Städten; Pro Loco in kleineren Orten.

Jugendherbergen

Auf Sardinien gibt es 7 Jugendherbergen. Infos bei: **Associazione Italiana Alberghi per la Gioventù**, Via Cavour 44, I-00184 Rom, Tel. 06 48 71 152, www.ostellionline.org.

Konsulate

Die nächsten Konsulate befinden sich in Genua und Rom. Ein Honorarkonsul der BRD sitzt in Cagliari: Via R. Garzia 9, Tel. 0 70 30 72 29.

Notruf

- Polizei: Tel. 113;
- Carabinieri: Tel. 112;
- Feuerwehr: Tel. 115;
- Pannendienst des ACI: Tel. 116.

Öffnungszeiten

- **Geschäfte** haben meist von 9–13 und 15.30–19.30 Uhr und Samstagvormittag geöffnet, manche sind am Mo geschlossen.
- **Banken** sind Mo–Fr 8.30–13.30 Uhr geöffnet, einige auch nachmittags.
- **Museen** sind meist Di–So 9–13 und 16–20 Uhr geöffnet, die lokalen Öffnungszeiten sind besonders bei den kleineren Museen eher eigenwillig.
- **Tankstellen** sind mittags meist geschlossen.
- **Saisonal geöffnete Hotels** sind nur in der Hauptreisezeit von Ende Mai/Anfang Juni bis Ende Sept. offen.

Postgebühren

Das Auslandsporto von Italien in EU-Länder beträgt für eine Postkarte 0,45 € und für einen Standardbrief 0,55 €. Briefmarken *(francobolli)* gibt es bei der Post sowie in den Tabacchi.

Rechnungen und Belege

Über Dienstleistungen (Restaurants, Hotels u. a.) muss man sich eine Quittung *(ricevuta fiscale)* inkl. Mehrwertsteuer (IVA) ausstellen lassen und aufbewahren. Bei Kontrollen durch die italienische Steuerpolizei fällt sonst eine Geldstrafe an.

Sicherheit

Auf Sardinien gilt wie überall in Europa: Keine persönlichen Dokumente oder Wertsachen im Auto oder unbewacht am Strand lassen.

Telefonieren

kann man in allen öffentlichen Fernsprechzellen und Fernsprechämtern der Telecom, nicht aber in den Postämtern! Es gibt fast ausschließlich Kartentelefone. Die Telefonkarten (*scheda telefonica*) kann man in Bars, Tabacchi-Läden und bei der Telecom kaufen. Vorwahlen von Italien aus: Deutschland 0049, Österreich 0043, Schweiz 0041.

Vorsicht ist beim Telefonieren mit dem Handy geboten, da die automatische Netzwahl nicht den günstigsten Betreiber sucht. Vor allem die angebotene Mailbox-Abfrage kann zur Kostenfalle werden. Über günstige Roamings und andere Möglichkeiten, hohe Tarife zu umgehen, gibt es Informationen bei Ihrem Mobilfunkanbieter oder im Internet unter www.teltarif.de

Internet

Internetcafés findet man genügend, vor allem in den größeren Orten, nicht zuletzt weil der Großprovider TISCALI aus Sardinien kommt.

Zoll

Für Reisende aus EU-Ländern sind die Zollkontrollen aufgehoben. Folgende Höchstmengen pro Person gelten als Anhaltspunkt, nicht als Vorschrift: 800 Zigaretten, 10 l Spirituosen, 90 l Wein. Schweizer dürfen nur 200 Zigaretten, 1 l Spirituosen, 2 l Wein und Reiseandenken im Gesamtwert von maximal 300 CHF mitnehmen.

Langenscheidt Mini-Dolmetscher

Allgemeines

Guten Tag.	Buongiorno. [buon**dsch**orno]
Hallo!	Ciao! [**tscha**o]
Wie geht's?	Come sta? [**ko**me sta]
Danke, gut.	Bene, grazie. [**bä**ne **gra**zje]
Ich heiße ...	Mi chiamo ... [mi kj**a**mo]
Auf Wiedersehen.	Arrivederci. [arriwe**der**tschi]
Morgen	mattina [mat**ti**na]
Nachmittag	pomeriggio [pome**rid**scho]
Abend	sera [**ß**era]
Nacht	notte [**not**te]
morgen	domani [do**ma**ni]
heute	oggi [**od**schi]
gestern	ieri [järi]
Sprechen Sie Deutsch?	Parla tedesco? [**par**la te**des**ko]
Wie bitte?	Come, prego? [**ko**me **prä**go]
Ich verstehe nicht.	Non capisco. [non ka**pis**ko]
Sagen Sie es bitte nochmals.	Lo può ripetere, per favore. [lo pu**o** ri**pä**tere per fa**wo**re]
..., bitte.	..., per favore. [per fa**wo**re]
danke	grazie [**gra**zje]
Keine Ursache.	Prego. [**prä**go]
was / wer / welcher	che / chi / quale [ke / ki / ku**a**le]
wo / wohin	dove [**do**we]
wie / wie viel	come / quanto [**ko**me / ku**an**to]
wann / wie lange	quando / quanto tempo [ku**an**do / ku**an**to **täm**po]
warum	perché [per**ke**]
Wie heißt das?	Come si chiama? [**ko**me ßi kjama]
Wo ist ...?	Dov'è ...? [do**wä**]
Können Sie mir helfen?	Mi può aiutare? [mi pu**o** aju**ta**re]
ja	sì [ßi]
nein	no [no]
Entschuldigen Sie.	Scusi. [**sku**si]
Das macht nichts.	Non fa niente. [non fa nj**än**te]

Sightseeing

Gibt es hier eine Touristeninformation?	C'è un ufficio di turismo qui? [**tschä** un uf**fi**tscho di tu**ris**mo ku**i**]
Haben Sie einen Stadtplan / ein Hotelverzeichnis?	Ha una pianta della città / un annuario alberghi? [a **u**na pj**an**ta **del**la tschit**ta** / un annu**ar**jo al**bär**gi]
Wann ist ... geöffnet?	A che ora è aperto (m.) / aperta (w.) ...? [a **ke o**ra ä a**pär**to / a**pär**ta]
geschlossen	chiuso (m.) / chiusa (w.) [kj**u**so / kj**u**sa]
das Museum	il museo (m.) [il mu**se**o]
die Kirche	la chiesa (w.) [la kj**ä**sa]
die Ausstellung	l'esposizione (w.) [lesposizj**o**ne]
Wegen Restaurierung geschlossen.	In restauro. [in res**tau**ro]

Shopping

Wo gibt es ...?	Dove posso trovare ...? [**do**we **pos**so tro**wa**re]
Wie viel kostet das?	Quanto costa? [ku**an**to **kos**ta]
Das ist zu teuer.	È troppo caro. [ä **trop**po **ka**ro]
Das gefällt mir (nicht).	(Non) mi piace. [(non) mi pj**a**tsche]
Gibt es das in einer anderen Farbe / Größe?	Ce l'ha anche di un altro colore / un'altra taglia? [tsche la **ang**ke di un **al**tro ko**lo**re / un **al**tra **tal**ja]
Ich nehme es.	Lo prendo. [lo **prän**do]
Wo ist eine Bank?	Dov'è una banca? [do**wä** una **bang**ka]
Ich suche einen Geldautomaten.	Dove posso trovare un bancomat? [**do**we **pos**so tro**wa**re un bangko**mat**]
Geben Sie mir 100 g Käse / zwei Kilo Pfirsiche	Mi dia un etto di formaggio / due chili di pesche. [mi **di**a un **ät**to di for**mad**scho / **du**e **ki**li di **päs**ke]
Haben Sie deutsche Zeitungen?	Ha giornali tedeschi? [a dschor**na**li te**des**ki]
Wo kann ich telefonieren / eine Telefonkarte kaufen?	Dove posso telefonare / comprare una scheda telefonica? [**do**we **pos**so telefo**na**re / kom**pra**re una **ske**da tele**fo**nika]

Notfälle

Ich brauche einen Arzt / Zahnarzt.	Ho bisogno di un medico / dentista. [o bi**son**jo di un **mä**diko / den**tis**ta]

Rufen Sie bitte einen Krankenwagen / die Polizei.	Chiami un'ambulanza / la polizia, per favore. [kj**a**mi un‿ambul**a**nza / la poli**zi**a per fa**wo**re]
Wir hatten einen Unfall.	Abbiamo avuto un incidente. [abbj**a**mo a**wu**to un intschi**dän**te]
Wo ist das Polizeirevier?	Dov'è la polizia? [do**wä** la poli**zi**a]
Ich bin bestohlen worden.	Mi hanno derubato. [mi **a**nno deru**ba**to]
Mein Auto ist aufgebrochen worden.	Hanno forzato la mia macchina. [**an**no for**za**to la **mi**a **mak**kina]

Essen und Trinken

Die Speisekarte, bitte.	Il menu per favore. [il me**nu** per fa**wo**re]
Brot	pane [**pa**ne]
Kaffee	caffè / espresso [kaf**fä** / es**präs**so]
Tee	tè [tä]
mit Milch / Zucker	con latte / zucchero [kon **lat**te / **zuk**kero]
Orangensaft	succo d'arancia [**suk**ko da**ran**tscha]
Mehr Kaffee, bitte.	Un altro caffè, per favore. [un **al**tro kaf**fä** per fa**wo**re]
Suppe	minestra [mi**näs**tra]
Nudeln	pasta [**pas**ta]
Fisch / Meeresfrüchte	pesce / frutti di mare [**pe**sche / **frut**ti di **ma**re]
Fleisch	carne [**kar**ne]
Geflügel	pollame [pol**la**me]
Beilage	contorno [kon**tor**no]
vegetarische Gerichte	piatti vegetariani [pj**at**ti wedschetar**ja**ni]
Ei	uovo [u**o**vo]
Salat	insalata [inßa**la**ta]
Dessert	dolci [**dol**tschi]
Obst	frutta [**frut**ta]
Eis	gelato [dsche**la**to]
Wein	vino [**wi**no]
weiß / rot / rosé	bianco / rosso / rosé [bj**ang**ko / **ros**so / ros**e**]
Bier	birra [**bir**ra]
Aperitif	aperitivo [aperi**ti**wo]
Wasser	acqua [**a**kua]
Mineralwasser	acqua minerale [**a**kua mine**ra**le]
mit / ohne Kohlensäure	gassata / naturale [gas**sa**ta / natu**ra**le]
Frühstück	prima colazione [**pri**ma kolazj**o**ne]
Mittagessen	pranzo [**pran**dso]
Abendessen	cena [**tsche**na]
eine Kleinigkeit	uno spuntino [uno spun**ti**no]
Ich möchte bezahlen.	Il conto, per favore. [il **kon**to per fa**wo**re]
Es war sehr gut / nicht so gut.	Era molto buono. / Non era buono. [ära **mol**to bu**o**no / non **ä**ra bu**o**no]

Im Hotel

Ich suche ein gutes / nicht zu teures Hotel.	Cerco un buon albergo / un albergo economico. [**tscher**ko un bu**on** al**bär**go / un al**bär**go eko**no**miko]
Ich habe ein Zimmer reserviert.	Ho riservato una camera. [o riser**wa**to una **ka**mera]
Ich suche ein Zimmer für ... Personen.	Cerco una camera per ... persone. [**tscher**ko una **ka**mera per ... per**ßo**ne]
Mit Dusche und Toilette.	Con doccia e servizi. [kon **dot**scha e ser**wi**zi]
Mit Balkon / Blick aufs Meer.	Con balcone / vista sul mare. [kon bal**ko**ne / **wis**ta sul **ma**re]
Wie viel kostet das Zimmer pro Nacht?	Quanto costa la camera per notte? [ku**an**to **kos**ta la **ka**mera per **not**te]
Mit Frühstück?	Con prima colazione? [kon **pri**ma kolazj**o**ne]
Kann ich das Zimmer sehen?	Posso vedere la camera? [**pos**so we**de**re la **ka**mera]
Haben Sie ein anderes Zimmer?	Avete un'altra camera? [awete un‿**al**tra **ka**mera]
Das Zimmer gefällt mir (nicht).	Mi piace la camera. / La camera non mi piace. [mi pjatsche la **ka**mera / la **ka**mera non mi pjatsche]
Kann ich mit Kreditkarte bezahlen?	Posso pagare con carta di credito? [**pos**so pa**ga**re con **kar**ta di **kre**dito]
Wo kann ich parken?	Dove posso mettere la macchina? [**do**we **pos**so **met**tere la **mak**kina]
Können Sie das Gepäck in mein Zimmer bringen?	Mi può portare i bagagli in camera? [mi pu**o** por**ta**re i ba**ga**lji in **ka**mera]
Haben Sie einen Platz für ein Zelt / einen Wohnwagen / ein Wohnmobil?	C'è ancora posto per una tenda / una roulotte / un camper? [tschä ang**ko**ra **pos**to per una **tän**da / una ru**lott** / un **kam**per]
Wir brauchen Strom / Wasser.	Abbiamo bisogno di corrente / acqua. [abbj**a**mo bi**so**njo di kor**rän**te / **a**kua]

Orts- und Sachregister

Personenregister

Urlaubskasse

Tasse Kaffee	1,20 €
Softdrink	1,50 €
Glas Bier	1,80 €
Pizza al Taglio	2,50 €
Kugel Eis	0,80 €
Taxifahrt (Kurzstrecke, ca. 10 km)	7 €
Mietwagen/Tag	40 €
1 l Superbenzin	1,18 €

Polyglott im Internet: www.polyglott.de, im travelchannel unter www.travelchannel.de

Alle Informationen stammen aus zuverlässigen Quellen und wurden sorgfältig geprüft. Für ihre Vollständigkeit und Richtigkeit können wir jedoch keine Haftung übernehmen.
Ergänzende Anregungen bitten wir zu richten an:
Polyglott Verlag, Redaktion, Postfach 40 11 20, 80711 München.
E-Mail: redaktion@polyglott.de

Impressum

Herausgeber: Polyglott-Redaktion
Autor: Joachim Chwaszcza
Lektorat: Dr. Carla Meyer
Layout: Ute Weber, Geretsried
Satz Special: Carmen Marchwinski, München
Karten und Pläne: Elsner & Schichor
Satz: Tim Schulz, Dagebüll

Erste Auflage 2005/2006

Printed in Germany
ISBN 3-493-56807-x
Dieses Buch wurde auf chlorfrei gebleichtem Papier gedruckt.

Infos zu Städten und Touren

**Cagliari

Highlights: *Blick von der Terrazza Umberto I., **Castello, *Santa Maria di Castello mit der **Marmorkanzel, die Sammlungen der Citadella dei Musei, die malerische Altstadt, römisches *Anfitheatro Romano

**Sassari

Highlights: Repräsentative Piazza Italia, Bummel über den Corso Vittorio Emanuele, marmorne *Fontana die Rosello, *Santa Maria di Betlém, *San Nicola, **Museo Nazionale G. A. Sanna

*Alghero

Highlights: Bummel durch die Altstadt, Ausflüge zur **Grotta di Nettuno und der Nekropole *Anghelu Ruju

*Nuoro

Highlights: Bummel durch die Altstadt, **Volkskundemuseum, Ausflug zum *Monte Ortobene

Tour 1

**Cagliari → **Su Nuraxi → Paulilatino → Macomer → **Bosa → *Ozieri → **Sassari → Perfugas → Olbia

Länge: 455 km

Dauer: 3–4 Tage

Highlights: Nuraghensiedlung **Su Nuraxi, **Brunnenheiligtum Santa Christina, **Bosa, **Felsennekropole Sant'Andrea Priu, **Nuraghe Sant'Antine, **Santissima Trinità di Saccargia, Brunnentempel **Predio Canopoli in Perfugas, charmante Altstadt von *Tempio Pausania.